**Introdução
à auditoria
operacional**

COLEÇÃO **FGV**  PRÁTICA

Introdução à auditoria operacional

Inaldo da Paixão Santos Araújo

Inclui capítulo sobre auditoria ambiental

4ª EDIÇÃO

FGV EDITORA

ISBN — 978-85-225-0689-7

Copyright © Inaldo da Paixão Santos Araújo

Direitos desta edição reservados à
EDITORA FGV
Rua Jornalista Orlando Dantas, 37
22231-010 — Rio de Janeiro, RJ — Brasil
Tels.: 0800-021-7777 — (21) 3799-4427
Fax: (21) 3799-4430
e-mail: editora@fgv.br — pedidoseditora@fgv.br
web site: www.fgv.br/editora

Impresso no Brasil / *Printed in Brazil*

Todos os direitos reservados. A reprodução não autorizada desta publicação, no todo ou
em parte, constitui violação do copyright (Lei nº 9.610/98).

Os conceitos emitidos neste livro são de inteira responsabilidade do autor.

1ª edição — 2001; 2ª edição — 2004; 3ª edição — 2006
4ª edição — 2008; 1ª reimpressão — 2015.

Revisão de originais: Luiz Alberto Monjardim e Mariflor Rocha

Editoração eletrônica: FA Editoração

Revisão: Aleidis de Beltran, Fatima Caroni e Mauro Pinto de Faria

Capa: Felipe A de Souza | Aspectos

Fotografia: Jakub Jirsák | Dreamstime.com

Ficha catalográfica elaborada pela Biblioteca
Mario Henrique Simonsen/FGV

Araújo, Inaldo da Paixão Santos, 1964-
    Introdução à auditoria operacional / Inaldo da Paixão Santos
Araújo. — 4. ed. — Rio de Janeiro: Editora FGV, 2008.
    188p. — (Coleção FGV Prática)

Inclui bibliografia.

    1. Auditoria administrativa. I. Fundação Getulio Vargas. II. Título.
III Série.

CDD-657.45

À minha esposa Vânia e aos
meus filhos Victor e Igor.

*"Quem não sabe o que procura,
não reconhece o que acha."*
Claude Bernard, pai da fisiologia

Sumário

Prefácio à quarta edição	11
Introdução	13
Capítulo 1 Auditoria e *accountability*	15
Capítulo 2 Classificação da auditoria	21
Capítulo 3 Uma questão terminológica	27
Capítulo 4 Auditoria operacional	31
Conceito de auditoria operacional	31
Economicidade, eficiência e eficácia	39
História da auditoria operacional	45
Benefícios da auditoria operacional	53
Tipos de auditoria operacional	57
Capítulo 5 Auditoria operacional *versus* auditoria contábil	61
Capítulo 6 Normas de auditoria operacional	65

Normas gerais	**66**
Normas para o trabalho de campo	**67**
Normas para a apresentação de relatórios	**69**

Capítulo 7
Processo de auditoria operacional	**75**
Planejamento	**76**
Execução	**87**
Relatório	**117**
Acompanhamento	**128**

Capítulo 8
Avaliação do desempenho (E, E, E) na administração	**129**

Capítulo 9
Auditoria ambiental	**131**
Conceito	**135**
Campo de atuação	**140**
Desenvolvimento	**149**
Planejamento	**153**
Obtenção de evidência	**160**
Procedimentos	**162**
Conclusão	**167**

Capítulo 10
Caso prático de auditoria operacional	**171**
Auditoria operacional numa empresa de transportes	**171**
Razão da escolha	**179**

Referências bibliográficas	**181**

Prefácio à quarta edição

A primeira edição deste livro data de 2001. Ela decorreu de pesquisas realizadas nos anos de 1998 e 1999, que objetivaram a elaboração de ensaio monográfico, culminando na sua premiação no concurso Oswaldo Veloso Gordilho, realizado pelo Tribunal de Contas do Estado da Bahia.

Corria o ano de 2000, quando nosso professor George Guerra Leone relatou-nos que havia encaminhado aquele modesto estudo para fins de análise pela Editora FGV.

Hoje, transcorridos 10 anos dos primeiros esforços, dos primeiros passos, ao prefaciar esta quarta edição, cumpre-nos agradecer, pois é o mínimo que podemos fazer, ao professor Leone pela visão e apoio, e a todos aqueles que também se tornaram responsáveis ao fazer esse momento acontecer, em especial minha companheira e esposa Vânia e meus filhos Victor e Igor, por tudo que representam na minha vida.

Esta edição não foge da proposta inicial do livro, de ter caráter introdutório, tentar simplificar conceitos relacionados à auditoria operacional, assim como incentivar novos estudiosos nesse importante, mas ainda carente, campo de pesquisa.

Contudo, após vários anos no mercado editorial, tornaram-se necessários alguns ajustes e atualizações, até mesmo porque temos percebido, nos últimos anos, uma maior preocupação do Sistema Tribunais de Contas e dos órgãos de controle interno, nas três esferas de governo, pela auditoria operacional, na forma preconizada no art. 70 da Constituição Federal.

Assim, nesta edição, introduzimos novos conceitos apresentados pelo Escritório de Accountability Governamental dos Estados Unidos (GAO), em suas Normas de Auditoria Governamental atualizadas até 2007, e pela Organização Internacional de Entidades Fiscalizadoras Superiores (Intosai), em suas Diretrizes para Aplicação de Normas de Auditoria Operacional de 2004.

Em face da sua estreita relação com o universo da auditoria operacional, inserimos também um novo capítulo para tratar da auditoria ambiental, mas sempre conservando a prudência do caráter introdutório.

Esperamos, portanto, que este livro continue com a aceitação até então demonstrada e que a auditoria operacional permaneça em processo de desenvolvimento no Brasil, para que tenhamos, cada vez mais, a prática da *accountability,* para que tenhamos, também, mais justiça social.

Introdução

Este livro, sem pretender esgotar a discussão sobre tão importante tema para a auditoria moderna, oferece uma abordagem introdutória, porém original, do processo de auditoria operacional para o setor público.

A auditoria operacional se constitui numa ferramenta fundamental para uma boa administração, pois ultrapassa a fronteira dos aspectos financeiros, adentrando-se nas questões de economicidade, eficiência e efetividade.

Apesar de sua relevância tanto para o setor privado quanto para o governamental, a literatura técnica nacional e estrangeira que abarca a matéria é bastante reduzida e muitas vezes não descreve o tema com a devida profundidade. Não há sequer uma uniformidade conceitual. Alguns estudiosos a denominam auditoria administrativa, de gestão, e há até mesmo os que a confundem com a auditoria interna.

Assim, numa tentativa pioneira e ousada de preencher essa lacuna, pelo menos no Brasil, abordaremos as noções de auditoria de um modo geral e a importância da *accountability* para a auditoria. Sugeriremos uma classificação para essa relevante técnica. Conceituaremos a auditoria operacional, mencionando suas principais características. Discorreremos sobre a forma de se executar essa atividade e a conseqüente apresentação de relatórios técnicos. Por fim, apresentaremos um caso prático de auditoria operacional numa empresa pública de transporte.

Sabemos que muito precisa ser feito, mas o importante é caminhar sempre e não desistir do combate, pois a jornada se conquista a cada passo. É luta, como diz Gonçalves Dias na primeira estrofe da "Canção do Tamoio":

Não chores meu filho;
Não chores, que a vida
É luta renhida:
Viver é lutar:
A vida é combate,
Que os fracos abate,
Que os fortes, os bravos,
Só pode exaltar.

CAPÍTULO 1

Auditoria e *accountability*

Como é do conhecimento de todos os que labutam com o tema, o termo *auditoria,* etimologicamente falando, origina-se do latim *audire,* "ouvir". Inicialmente os ingleses o traduziram como *auditing* para designar, exclusivamente, o conjunto de procedimentos técnicos para a revisão dos registros contábeis. Em nossos dias, é praticamente uníssono o entendimento de que prevalece o seu sentido mais amplo, que consiste na ação independente de se confrontar uma determinada condição com um critério preestabelecido, que se configura como a situação ideal, para que se possa opinar ou comentar a respeito.

A auditoria é, simplesmente, a comparação imparcial entre o fato concreto e o desejado, com o intuito de expressar uma opinião ou de emitir comentários, materializados em relatórios de auditoria.

Quem bem define a auditoria, *lato sensu,* é o Escritório do Auditor-Geral do Canadá. Esse importante instituto de auditoria no mundo moderno a conceitua como a ação independente de um terceiro sobre uma relação de *accountability,* objetivando expressar uma opinião ou emitir comentários e sugestões sobre como essa relação está sendo obedecida. Portanto, a auditoria é a verificação de como a prática de *accountability* está sendo cumprida.

Logo, necessário se faz, para que entendamos o conceito amplo de auditoria, tecer breves comentários sobre o que vem a ser *accountability* e como esse importante conceito da administração pública ou privada se relaciona com a auditoria.

A *accountability,* em que pese ao esforço de alguns cultores da língua pátria em querer traduzi-la como responsabilidade, não possui uma tradução literal para o nosso idioma ou mesmo para outras línguas de origem latina.[1]

---

[1] Vale mencionar que os espanhóis têm traduzido *accountability* como *responsabilidad* ou como *rendición de cuentas* (prestação de contas).

16 INTRODUÇÃO À AUDITORIA OPERACIONAL

Anna Maria Campos[2] é categórica ao afirmar que, no Brasil, não falta somente a palavra para traduzir *accountability*. O que falta, na verdade, é o próprio conceito.

A *accountability* vai além do conceito de responsabilidade, pois traz em seu âmago a noção de dever, de comprometimento, de obrigatoriedade de resposta, de prestar e render contas. Não é simplesmente a prestação de contas — frise-se —, é a obrigação de prestar contas.

Podemos afirmar também que a *accountability* representa o compromisso "ético e legal" de se responder por uma responsabilidade delegada. Segundo o Escritório de Auditoria citado, a *accountability* presume a existência de pelo menos dois agentes: um que delega a responsabilidade e outro que a aceita, com o compromisso efetivo de prestar contas de como a delegação foi ou está sendo cumprida.

O *Dicionário eletrônico Michaelis* assim define *accountability:*

> Representa a responsabilidade final. Em administração de empresas, via de regra, o termo está vinculado a uma delegação de poderes. Presumivelmente, o indivíduo ao qual se atribui responsabilidade recebe autoridade comensurável e, mesmo que delegue responsabilidade e autoridade a terceiros, será ainda o responsável final perante seu superior. Se, numa mesma frase, encontrássemos os termos *responsibility* e *accountability,* poderíamos dizer que a primeira é responsabilidade primária e que a segunda é responsabilidade final. Portanto, *accountability* deve ser um grau mais alto de responsabilidade. Seu fenômeno é que a prestação de contas é devida a um escalão superior. Um supervisor tem responsabilidade perante um subordinado, mas não lhe presta contas. Somente o faz às autoridades superiores.

Já o *Dicionário eletrônico Babylon* a define como "ter responsabilidade; obrigação de dar contas".

Mosher[3] afirma que a *accountability* "acarreta a responsabilidade de uma pessoa ou organização perante uma outra pessoa, fora de si mesma, por alguma coisa ou por algum tipo de desempenho". E complementa: "Quem falha no cumprimento de diretrizes legítimas é considerado irresponsável e está sujeito a penalidades".

---

[2] Campos, 1990:31.
[3] Apud Campos, 1990:33.

Heald[4] afirma que a *accountability* "envolve uma obrigação de explicar ou justificar uma determinada ação".

Não obstante a larga compreensão e utilização do conceito de *accountability* nos países desenvolvidos, não é comum, na literatura técnica estrangeira sobre o tema, encontrar noções sobre a origem do termo. Muitos acreditam que seu conceito é um atributo do mundo contemporâneo, principalmente como fruto da prática democrática. Todavia, não podemos olvidar que o Livro Sagrado já traz noções da utilização desse termo, pois, à guisa de exemplo, no Evangelho de São Mateus, capítulo 25, versículo 19, na parábola dos 10 talentos, temos: "E, muito tempo depois, veio o senhor daqueles servos e ajustou contas com eles".

Ora, somente se ajusta contas com quem assumiu o compromisso de prestá-las. Portanto, evidenciado está que a origem da *accountability* é muito mais remota do que normalmente se pensa. Entendemos que ela se confunde com a origem das relações sociais entre os homens.

Como afirmamos em nosso livro *Introdução à contabilidade governamental, accountability* é a relação em que o delegante transfere responsabilidade para o delegado, que a aceita e assume o compromisso de informar ao delegante como ele, delegado, está desempenhando as ações inerentes à responsabilidade que lhe foi conferida, como demonstrado na figura 1.

Figura 1

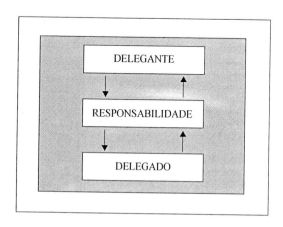

---

[4] Apud Leclerc, 1996:44.

A *accountability* se classifica em pública e privada.

A *accountability* pública pode ser conceituada como a obrigação de todo administrador governamental de prestar contas à sociedade de como utiliza os recursos que lhe são confiados para serem administrados em favor da coletividade, de forma fiel, justa, objetiva e transparente.

A *accountability* privada pode ser conceituada como a obrigação de todo administrador de prestar contas ao dono do patrimônio de como utiliza os recursos que lhe são confiados para serem geridos.

Em síntese, *accountability* significa a obrigação que todos têm de responder por terem assumido uma responsabilidade. Ou, no dizer de Cavalcante,[5] "responsabilidade quitável mediante prestação de contas".

Assim, é inquestionável que a *accountability* está diretamente relacionada com a auditoria, pois é esta que vai informar ao delegante, de forma independente, como ela — a *accountability* — foi ou está sendo cumprida pelo delegado, na forma demonstrada na figura 2.

Figura 2

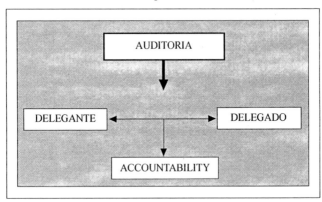

É indubitável que a *accountability* está presente em qualquer relação humana, pois todos delegam responsabilidade por alguma coisa a alguém. Logo, teremos vários objetivos de auditoria, em função da relação que for matéria de exame. Entretanto, se limitarmos nosso universo de análise ao campo de atuação, o fato de o Parlamento delegar responsabilidade para que o adminis-

---

[5] Cavalcante, 1988:14.

trador público proceda à gestão dos recursos governamentais em proveito da sociedade e assuma o compromisso ético e legal de prestar contas e delegar responsabilidade para que o auditor realize o acompanhamento dessa gerência e elabore os devidos relatórios representa, nesse caso específico, a *auditoria governamental*. Se nossa análise se restringir ao fato de o acionista delegar responsabilidade para que o administrador cuide do patrimônio dele, acionista, e delegue responsabilidade para que o auditor verifique a adequação dessa atribuição, teremos a *auditoria privada*.

Por fim, cabe concluir que, sem uma correta compreensão do que vem a ser a *accountability*, não podemos compreender a essência da auditoria no seu sentido lato.

Capítulo 2

Classificação da auditoria

Todo ramo do conhecimento, para ser bem estudado, deve ser classificado. Essa é uma premissa básica desde os princípios da filosofia. A auditoria, por ser uma atividade totalmente sistematizada, não poderia fugir à regra. Contudo, não há para essa importante técnica uma classificação uniforme e unanimemente aceita.

Geralmente, cada estudioso da matéria tem a sua preferência pessoal, suas idiossincrasias. Assim, nos últimos anos, tem sido muito comum encontrar tanto nos compêndios sobre a matéria quanto nos debates, seminários, congressos e outros eventos acadêmicos uma vasta enumeração de tipos de auditoria. A título de exemplo, citamos, a seguir, algumas das denominações geralmente encontradas para a auditoria: a distância; de programas; abrangente; de regularidade; administrativa; de recursos externos; ambiental; de resultados; analítica; de sistemas informatizados; articulada; de tomada de contas; contábil; do planejamento estratégico; da qualidade; especial; da regularidade; financeira; das práticas de gestão; fiscal; de acompanhamento; gestional; de contas; horizontal; de economicidade; informática; de eficácia; integrada; de eficiência; integral; de desempenho; operacional; de gestão; orçamental; de legalidade; orientada; de missão; parcial; de otimização de recursos; programática; de prestação de contas; total.

Não temos a veleidade de esgotar a discussão sobre a matéria. Contudo, adotamos a seguinte classificação, apresentada originariamente em nosso livro *Introdução à auditoria:*

❑ Quanto ao campo de atuação

a) auditoria governamental — é o tipo de auditoria que está voltada para o acompanhamento das ações empreendidas pelos órgãos e entidades que compõem a administração direta e indireta das três esferas de governo, ou seja, que gerem a *res publica*. Normalmente é realizada por entidades superiores de fiscalização, sob a forma de tribunais de contas ou controladorias, e organismos de controle interno da administração pública;

b) privada — é a auditoria cuja atuação se dá no âmbito das entidades que objetivam o lucro, de maneira geral.

❑ Quanto à forma de realização

a) interna — é a auditoria realizada por profissionais vinculados à entidade auditada. Além das informações contábeis, preocupam-se também com os aspectos operacionais. Normalmente, a auditoria interna se reporta à presidência da organização, funcionando como um órgão de assessoramento;

b) externa — é a auditoria realizada por profissionais qualificados, que não são empregados da administração auditada, com o objetivo precípuo de emitir uma opinião independente, com base em normas técnicas, sobre a adequação ou não das demonstrações contábeis. Também conceituada como auditoria independente, é a auditoria contábil realizada por especialistas não vinculados à organização examinada.

❑ Quanto ao objetivo dos trabalhos

a) contábil ou financeira — representa o conjunto de procedimentos técnicos aplicados de forma independente por um profissional habilitado, segundo normas preestabelecidas, com o objetivo de emitir uma opinião sobre a adequação das demonstrações contábeis tomadas em conjunto;

b) operacional ou de otimização de recursos — é a auditoria que objetiva avaliar o desempenho e a eficácia das operações, os sistemas de informação e de organização, e os métodos de administração; a propriedade e o cumprimento das políticas administrativas; e a adequação e a oportunidade das decisões estratégicas. Como este é o tema central deste livro, reservamos os capítulos 3 e 4 para apresentar uma definição mais detalhada da auditoria operacional;

c) integrada — também conhecida como *comprehensive audit* ou auditoria de amplo escopo, envolve três aspectos relacionados, mas individualmente distinguíveis no que se refere a *accountability* (obrigação de responder por uma responsabilidade conferida), quais sejam: exame de demonstrações contábeis ou financeiras; exame de conformidade com as autorizações ou exame da legalidade; e exame de economicidade, eficiência e eficácia na gerência dos recursos públicos ou privados.

A figura 3, elaborada por Reider[6] e por nós adaptada, resume com muita propriedade a classificação da auditoria quanto ao objetivo dos trabalhos.

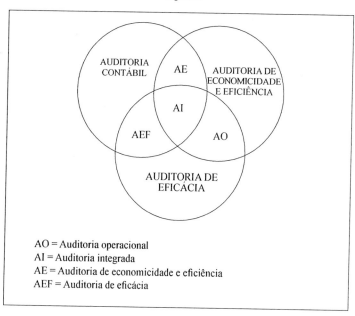

Como mostra a figura, as auditorias de economicidade e eficiência e de eficácia — componentes da auditoria operacional — necessitam também de informações contábeis e financeiras para serem realizadas. A auditoria operacional abarca, portanto, a auditoria dos três "E": economicidade, eficiência e eficácia. A realização da auditoria contábil tradicional juntamente com a auditoria operacional dá origem à auditoria integrada.

---

[6] Reider, 1993:12.

24 INTRODUÇÃO À AUDITORIA OPERACIONAL

No que se refere à classificação da auditoria quanto ao objetivo, alguns autores incluem também a auditoria de cumprimento. Entendemos que a verificação do cumprimento normativo é um dos objetivos das auditorias contábil e operacional, não se constituindo num tipo específico de auditoria. O Escritório de Accountability Governamental dos Estados Unidos (GAO), em suas Normas de Auditoria Governamental revisadas em 2003, apresenta os tipos de trabalhos auditoriais a seguir, definidos pelos objetivos do trabalho.

❑ Auditorias contábeis — objetivam, principalmente, assegurar se as demonstrações contábeis estão apresentadas, razoavelmente, em todos os aspectos materiais, em conformidade com os princípios de contabilidade geralmente aceitos ou conforme outro princípio geral de contabilidade. Outros objetivos das auditorias contábeis, com distintos níveis de segurança e diversos escopos do trabalho, podem incluir:

a) apresentar relatórios especiais sobre elementos, contas ou lançamentos específicos de uma demonstração contábil;
b) revisar as demonstrações contábeis interinas;
c) emitir carta a investidores ou a outras partes interessadas;
d) apresentar relatórios sobre o desempenho de organizações prestadoras de serviço;
e) auditar o cumprimento de regulamentos relativos a gastos de concessões federais e outra assistência financeira governamental em conjunção com — ou como subproduto de — uma auditoria contábil.

❑ Certificações — consistem em examinar, revisar ou realizar procedimentos acordados sobre dada matéria ou afirmação objeto do trabalho pertinente ao assunto sob exame e relatar os resultados obtidos. A matéria sob exame em uma certificação pode tomar variadas formas, inclusive análise histórica ou prospectiva de desempenho ou de características físicas, eventos históricos, análises, sistemas e processos ou comportamentos. As certificações podem alcançar ampla gama de temas contábeis ou não-contábeis, e podem fazer parte de uma auditoria contábil ou de uma auditoria operacional. Nas certificações desses temas, pode-se relatar sobre o seguinte:

CLASSIFICAÇÃO DA AUDITORIA

25

a) o controle interno de órgão/entidade sobre as demonstrações contábeis;
b) o cumprimento por órgão/entidade das exigências de leis, regulamentos, regras, contratos ou cláusulas ou condições específicas estabelecidas em convênios de subvenções;
c) a efetividade do controle interno de órgão/entidade sobre o cumprimento de exigências específicas, tais como aquelas relativas a normas de licitação, contabilidade, prestação de contas de convênios de subvenção ou de contratos;
d) os relatórios da administração.

❑ As auditorias operacionais — implicam exame objetivo e sistemático da evidência para apresentar uma avaliação independente do desempenho e da gestão de um programa com base em critérios objetivos, assim como avaliações que proporcionem um enfoque prospectivo ou que sintetizem informações sobre as melhores práticas ou análises de temas transversais. As auditorias operacionais proporcionam informações para melhorar o desempenho dos programas e facilitar o processo de tomada de decisões por parte dos encarregados de dirigir ou iniciar as ações corretivas e melhorar a *accountability* perante o público. As auditorias operacionais abrangem uma ampla variedade de objetivos, inclusive os relativos à avaliação da efetividade e dos resultados de um programa; à economicidade e eficiência; ao controle interno; ao cumprimento das exigências legais ou de outra índole; e os objetivos relativos a apresentar análises prospectivas, orientações ou informações sumárias. As auditorias operacionais podem ser de amplo escopo ou de escopo restrito de trabalho e são aplicadas mediante variadas metodologias; implicam distintos níveis de análise, investigação ou avaliação; e geralmente apresentam achados, conclusões e recomendações, gerando como resultado um relatório.

CAPÍTULO 3

Uma questão terminológica

Nos países de língua portuguesa, a auditoria operacional tem sido rotulada ora como fiscalização operacional, ora como controle operacional.

No setor privado brasileiro, os organismos profissionais, a exemplo do Conselho Federal de Contabilidade (CFC), do Conselho Federal de Administração (CFA) e do Instituto Brasileiro dos Contadores (Ibracon), entre outros, não apresentaram ainda a posição oficial sobre o tema.

Na área governamental, o Tribunal de Contas de Portugal, ao traduzir as conclusões do XII Congresso da Organização Internacional de Entidades Fiscalizadoras Superiores (Intosai),[7] realizado em Sydney em 1986, apresenta a seguinte informação:

> O termo "controle de *performance*" deveria ser utilizado para descrever o controle que visa avaliar a economicidade, a eficiência e a eficácia.

A nossa Carta Magna, em seu art. 70, é taxativa e assim preconiza:

> A *fiscalização* contábil, financeira, orçamentária, *operacional* e patrimonial da União e das entidades da administração direta e indireta, quanto à legalidade, legitimidade, economicidade, aplicação das subvenções e renúncia de receitas, será exercida pelo Congresso Nacional, mediante controle externo, e pelo sistema de controle interno de cada poder (grifo nosso).

---

[7] A Intosai é um organismo filiado à Organização das Nações Unidas (ONU), com sede em Viena, Áustria, que tem por finalidade fomentar intercâmbios de idéias e experiências entre as instituições superiores de controle das finanças públicas. Seu primeiro congresso aconteceu em Havana (Cuba) em 1953. Ver Intosai, 1995.

Logo, a fiscalização exercida pelo Congresso Nacional, entre outras, será também operacional. Mas qual a melhor forma de se designar essa importante atividade? Controle, fiscalização ou auditoria operacional? A palavra controle se origina do latim fiscal medieval: *contra rotulum*. E do francês *contre — rôle — contrôle*: "o exemplar do catálogo dos contribuintes (dos censos, dos foros anuais) com base em que se verifica a operação do exator", na forma descrita por Gualazzi.[8]

Estando perfeitamente incorporada ao nosso idioma, a palavra controle pode assumir as seguintes acepções: dominação; direção; limitação; vigilância; verificação; registro, conforme Bergeron.[9]

No âmbito da administração pública, Miralles[10] defende que o controle é a função exercida pelo Parlamento. A fiscalização é o mecanismo adicional a serviço desse controle. E a fiscalização a cargo dos órgãos que auxiliam o controle externo se materializa pela auditoria. Tal afirmativa pode ser representada graficamente, como se vê na figura 4.

Figura 4

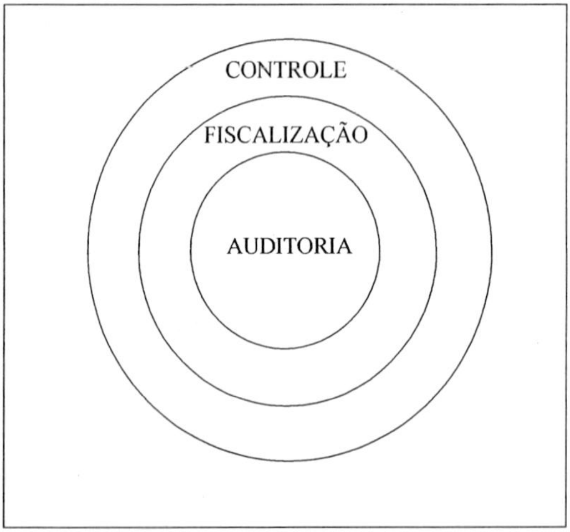

---

[8] Gualazzi. 1992:22.
[9] Apud Medauar, 1993:14-15.
[10] Miralles, 1995:80-85.

UMA QUESTÃO TERMINOLÓGICA   29

Entendemos que o controle, a fiscalização e a auditoria são sinônimos. A palavra controle, como já mencionamos neste capítulo, numa de suas acepções significa verificação. Por fiscalização entende-se a ação de fiscalizar. Vejamos o que diz o *Dicionário Aurélio* sobre o verbo *fiscalizar:* "[De fiscal + -izar.]. 1. Velar por; vigiar, examinando. 2. Submeter a atenta vigilância, sindicar (os atos de outrem). 3. Examinar, *verificar.* 4. Exercer o ofício de fiscal" (grifo nosso).

Auditoria, modernamente falando, do inglês *auditing,* também significa examinar e verificar. Ou seja, é a simples confrontação entre a condição e o critério. Assim, podemos apresentar a seguinte configuração:

Figura 5

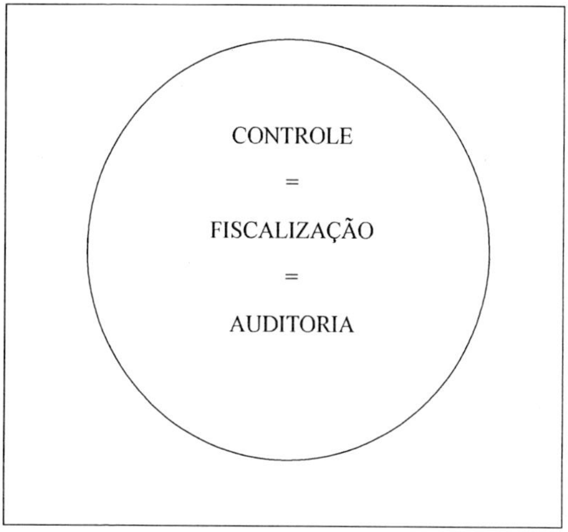

CONTROLE

=

FISCALIZAÇÃO

=

AUDITORIA

Vale dizer que não podemos olvidar que inspeção não é um tipo de fiscalização, como pensam alguns. A palavra inspeção, do latim *inspectione,* significa o ato de observar, de inspecionar, vistoriar, como define o *Aurélio.* [11]

Conseqüentemente, configura-se apenas como um procedimento de auditoria, e não como uma forma de realizar a fiscalização.

Portanto, podemos dizer que o termo fiscalização utilizado pela Lei Maior é sinônimo da palavra auditoria, pois, quando se audita, fiscaliza-se (examina,

---

[11] Ferreira. 1986:952.

verifica), e quando se fiscaliza, audita-se. Assim considera a Intosai, que, ao propor a terminologia para o seu XIV Congresso realizado no segundo semestre de 1998 em Montevidéu, adotou as seguintes expressões:

Espanhol	Inglês	Francês	Alemão
Fiscalización, auditoría financiera	*Financial audit*	*Contrôle financier, vérification des comptes, audit financier*	*Prüfung der Rechnungsführung*
Fiscalización, auditoría interna	*Internal audit*	*Audit interne (EUR), vérification interne (CAN)*	*Innenrevision*
Fiscalización, auditoría operativa, de gestión, operacional	*Operational audit (Management audit)*	*Contrôle de gestion, audit opérationnel (EUR), vérification opérationnelle, de gestion (CAN)*	*Funktionsprüfung*

Por fim, não temos a pretensão de classificar a auditoria melhor do que o fez o citado art. 70 da Constituição Federal. Todavia, como vimos no capítulo anterior, entendemos que a auditoria pode ser assim classificada: governamental e privada, quanto ao campo de atuação; interna e externa, quanto à forma de realização; e contábil, operacional e integrada, quanto ao objetivo dos trabalhos.

Logo, a melhor forma de denominar essa importante atividade é auditoria operacional.

CAPÍTULO 4

Auditoria operacional

Conceito de auditoria operacional

A auditoria operacional ou *performance audit*, como a denominam os americanos, é a análise e avaliação do desempenho de uma organização — no todo ou em partes —, objetivando formular recomendações e comentários que contribuirão para melhorar os aspectos de economicidade, eficiência e eficácia.

Auditoria operacional é o conjunto de procedimentos aplicados, com base em normas profissionais, sobre qualquer processo administrativo com o objetivo de verificar se eles foram realizados em observância aos princípios da economicidade, da eficiência, da eficácia e da efetividade. Portanto, o auditor, ao executar uma auditoria operacional, deverá emitir um relatório apresentando seus comentários sobre se a administração adquiriu seus insumos com qualidade e ao menor custo, se eles foram bem utilizados e no tempo certo, se os resultados propostos foram alcançados, assim como comentários sobre o impacto ocasionado pelo uso desses insumos.

Esses componentes de auditoria operacional podem ser executados no seu conjunto ou, como é mais usual, de forma segregada, quando apenas determinados aspectos são observados.

Conseqüentemente as seguintes questões devem ser consideradas:

- A administração adquiriu seus insumos observando os parâmetros de qualidade? (Economicidade)
- Considerando as devidas opções de mercado, os insumos foram adquiridos ao menor custo? (Economicidade)
- Os insumos adquiridos foram bem utilizados e no momento certo, sem que ocorressem desperdícios, desvios e outras práticas indevidas? (Eficiência)
- As metas estabelecidas pela administração de forma facultativa ou impositiva foram alcançadas? (Eficácia)

32 INTRODUÇÃO À AUDITORIA OPERACIONAL

❑ Os impactos decorrentes das ações desenvolvidas pela administração estão corretamente avaliados? (Efetividade)

Assim, o que diferencia esse tipo de auditoria da auditoria contábil é que enquanto a auditoria operacional irá responder a uma questão específica sobre desempenho ou sobre resultado de programas desenvolvidos, a auditoria contábil objetivará emitir uma opinião sobre a adequação de demonstrações contábeis, em conformidade com os princípios fundamentais de contabilidade.

Nos últimos anos, auditoria operacional tornou-se uma expressão auditorial largamente utilizada, apesar da pouca literatura sobre o tema. No Brasil, é matéria constitucional. Não obstante as diversas discussões nos meios acadêmicos, até a presente data não há unanimidade quanto à melhor designação para essa atividade, tampouco se chegou a uma definição consensual sobre o tema.

Na escassa bibliografia nacional e internacional sobre a matéria, é muito comum encontrar termos distintos para apresentar a mesma abordagem da auditoria operacional.

Reider[12] relaciona as seguintes denominações, aqui apresentadas em ordem alfabética: auditoria abrangente; auditoria de amplo escopo; auditoria de avaliação e revisão; auditoria de conformidade; auditoria de custo-benefício; auditoria de economicidade e eficiência; auditoria de eficácia ou de resultados; auditoria de performance; auditoria de programa; auditoria de responsabilidade; auditoria departamental; auditoria funcional; auditoria gerencial; auditoria não-financeira.

Além dessas, podemos incluir auditoria administrativa, auditoria de gestão, auditoria dos três "E" (economicidade, eficiência e eficácia), *value for money audit* para os britânicos, auditoria de efetividade etc. Os holandeses a consideram auditoria de eficácia e a definem como investigação da eficiência e efetividade da política, gestão e organização do Estado e dos seus organismos vinculados. O Tribunal de Contas holandês, em seu manual de auditoria de eficácia, afirma:

> Na literatura (...) as expressões *program evaluation, performance audit, operational audit* e *value for money audit* remetem a uma auditoria de eficácia.

---

[12] Reider, 1993:8.

AUDITORIA OPERACIONAL

33

Vale salientar que o Tribunal de Contas do Estado da Bahia, ao traduzir diversos trabalhos relacionados com a auditoria operacional, optou pela expressão otimização de recursos, do francês *l'optimisation des ressources*. Ao analisar tais conceitos, podemos observar que eles variam um pouco, mas sua essência é praticamente a mesma.

O índice multilíngüe do glossário elaborado por Everard e Wolter[13] apresenta as seguintes denominações para a auditoria operacional:

- *Contrôle de performance,* para o francês;
- *Performance audit,* para o inglês;
- *Lerstangskontrolle,* para o alemão;
- *Auditoría de la gestión,* para o espanhol;
- *Controlle di rendimento,* para o italiano;
- *Doelmatigheidscontrole,* para o irlandês;
- *Effektivitetsrevision/Forvaltningsrevision/Økonomisk-kritisk revision,* para o dinamarquês;
- *Auditoria de resultados,* para o português.

Vale acrescentar que tal glossário apresenta como sinônimas as seguintes denominações: auditoria operacional, auditoria de gestão financeira, auditoria de otimização de recursos e auditoria de resultados.

Haller[14] faz o seguinte comentário:

> A auditoria operacional consiste em revisões metódicas de programas, organizações, atividades ou segmentos operacionais dos setores público e privado, com a finalidade de avaliar e comunicar se os recursos da organização estão sendo usados eficientemente e se estão sendo alcançados os objetivos operacionais. Resumindo, a auditoria operacional é um processo de avaliação do desempenho real, em confronto com o esperado, o que leva, inevitavelmente, à apresentação de recomendações destinadas a melhorar o desempenho e a aumentar o êxito da organização.

---

[13] Everard e Wolter, 1989:187.
[14] Haller, 1985.

34 INTRODUÇÃO À AUDITORIA OPERACIONAL

As expressões "auditoria de desempenho", "auditoria administrativa", "auditoria abrangente", "auditoria de valor por dinheiro" e "auditoria de economicidade, eficiência e resultados de programa" têm sido usadas para descrever trabalhos com objetivos praticamente idênticos (...). Emprega-se "auditoria operacional" como expressão genérica, amplamente reconhecida, aplicável tanto ao setor público quanto ao privado e que transmite convenientemente a todos os interessados o significado do trabalho.

Também é comum encontrar trabalhos, como os de Chambers e Barrantes,[15] nos quais a auditoria interna é tratada como auditoria operacional. Isso se deve ao fato de a segunda ter surgido no setor privado, como veremos, em face da necessidade de se verificar a adequação do sistema de controle interno implantado para alcançar os resultados esperados, trabalho que era feito originariamente pelos auditores internos. Segundo Costa,[16] o incremento das atividades empresariais ampliou a área de exame dos auditores internos. Além dos aspectos financeiros, ela passou a abarcar também os aspectos relacionados com as questões operacionais. Daí a expressão auditoria das operações ou operacional para designar um "aprofundamento do âmbito da auditoria interna". Todavia, não corroboramos o entendimento de considerar auditoria operacional e auditoria interna como expressões sinônimas, pois o conceito da primeira está relacionado ao objetivo do trabalho, podendo ela ser realizada tanto por auditores internos quanto externos.

Apresentamos a seguir algumas definições normalmente associadas à auditoria operacional pelas organizações internacionais e pela doutrina.

Consoante a Intosai, auditoria operacional é "a auditoria de economicidade, eficiência e eficácia com que a entidade auditada utiliza seus recursos no desempenho de suas atribuições".

Ainda segundo a Intosai, a auditoria operacional objetiva determinar:

- □ se a administração desempenhou suas atividades com economicidade, de acordo com princípios, práticas e políticas administrativas corretas;
- □ se os recursos humanos, financeiros e de qualquer outra natureza são utilizados com eficiência, incluindo o exame dos sistemas de informação, dos

---

[15] Chambers, 1997; Barrantes, 1997.
[16] Costa, 1995:33-34.

AUDITORIA OPERACIONAL

procedimentos de mensuração e controle do desempenho e as providências adotadas pelas entidades auditadas para sanar as deficiências detectadas;

❑ a eficácia do desempenho das entidades auditadas em relação ao alcance de seus objetivos e avaliar os resultados alcançados em relação àqueles pretendidos.

A Organização Latino-Americana e do Caribe das Organizações Superiores de Auditoria (Olacefs), em seu manual de auditoria governamental, apresenta a seguinte definição para a auditoria operacional:

> *Es el examen objetivo, sistemático y profesional de las operaciones, identificando y revisando profundamente aquellas áreas consideradas como críticas, efectuado con la finalidad de: a) verificarlas y evaluarlas; b) establecer y aumentar el grado de eficiencia, efectividad y economía de su planificación, organización, dirección y control interno; c) informar sobre los hallazgos significativos resultantes, presentando comentarios, conclusiones y recomendaciones para mejoras; y d) determinar el cumplimiento con las disposiciones legales relacionadas.*
>
> *La auditoría operacional enfoca en la forma como se llevan a cabo las actividades al momento de efectuar el examen y como podrían ser mejoradas dichas actividades. Las mejoras pueden ser específicamente en las actividades o en los procesos gerenciales que las dirigen. Como el examen de todas las actividades o áreas de operación seria injustificable, la auditoría operacional concentra sus actividades en las áreas consideradas más críticas e importantes.*
>
> *El propósito del examen y evaluación es establecer y aumentar el grado de las tres 'ES', símbolos de la auditoría operacional respecto a los componentes básicos de la gerencia.*

O Escritório de Accountability Governamental dos Estados Unidos (GAO)[17] afirma:

> A auditoria operacional é um exame objetivo e sistemático de evidências, com o fim de proporcionar uma avaliação independente do desempenho de uma organização, programa, atividade ou função

---

[17] Escritório de *accountability* governamental dos Estados Unidos (GAO), 1995.

governamental, no sentido de fornecer informações para melhorar a *accountability* pública e facilitar o processo de tomada de decisões pelos envolvidos na responsabilidade de supervisionar ou iniciar ações corretivas.

As auditorias operacionais abrangem a auditoria de economicidade, a de eficiência e a auditoria de programas.

As auditorias de economicidade e eficiência têm como propósito determinar: a) se a entidade está adquirindo, protegendo e empregando seus recursos (tais como pessoal, bens e infra-estrutura física) econômica e eficientemente; b) as causas de ineficiências *ou* de práticas antieconômicas; e c) se a entidade tem cumprido as leis e regulamentos aplicáveis em matéria de economicidade e eficiência.

As auditorias de programas incluem a determinação: a) do grau em que os resultados ou benefícios previstos pelo órgão legislador ou outro autorizado estão sendo alcançados; b) da eficácia das organizações, programas, atividades ou funções; e c) se a entidade tem cumprido as leis pertinentes e regulamentos aplicáveis ao programa.

Segundo o Escritório do Auditor-Geral do Canadá (OAG),[18] é "o exame e avaliação das operações com a finalidade de informar à administração se as várias operações estão ou não sendo executadas em conformidade com as normas estabelecidas. Inclui uma avaliação da eficiência dos procedimentos operacionais".

A Portaria nº 63/96 do Tribunal de Contas da União apresenta a seguinte definição para a auditoria operacional:

> Auditoria que incide em todos os níveis de gestão sob o ponto de vista da economicidade, eficiência e eficácia, nas fases da programação, execução e supervisão.

O Manual de auditoria governamental do Tribunal de Contas do Estado da Bahia, atualizado em setembro de 2000, apresenta os seguintes comentários:

---

[18] Escritório do Auditor-Geral do Canadá (OAG), 1995:12.

Acompanha e avalia a ação governamental, compreendendo a implementação de programas, a execução de projetos e atividades, a gestão de sistemas e a administração de órgãos e entidades, tendo em vista a utilização econômica dos recursos públicos, a eficiente geração de bens e serviços, o cumprimento das metas programadas e o efetivo resultado das políticas governamentais.

Sua nomenclatura não guarda homogeneidade entre as diversas Entidades Fiscalizadoras Superiores, ainda que o objetivo e escopo sejam semelhantes. Dentre as variadas denominações, podem ser destacadas auditoria de desempenho, administrativa, de gestão, de otimização de recursos e de resultados.

No Brasil, o Tribunal de Contas da União adota a nomenclatura de auditoria de natureza operacional, abrangendo duas modalidades: auditoria de desempenho operacional, que trata dos aspectos de economicidade, eficiência e eficácia, e avaliação de programa, que busca examinar a efetividade dos programas e projetos governamentais.

O enfoque da auditoria operacional, nos moldes adotados pelo Tribunal de Contas do Estado da Bahia, assemelha-se àquele referente à auditoria de natureza operacional do TCU, pois, embora este contemple a mencionada divisão em duas modalidades — desempenho operacional (economicidade, eficiência e eficácia) e avaliação de programa (efetividade), ambas abrangem os critérios considerados na auditoria operacional por este TCE.

Segundo o novo *Manual de auditoria de natureza operacional* do TCU, temos:

A auditoria de natureza operacional consiste na avaliação sistemática dos programas, projetos, atividades e sistemas governamentais, assim como dos órgãos e entidades jurisdicionadas ao tribunal.

A auditoria de natureza operacional abrange duas modalidades: a auditoria de desempenho operacional e a avaliação de programa. O objetivo da auditoria de desempenho operacional é examinar a ação governamental quanto aos aspectos da economicidade, eficiência e eficácia, enquanto a avaliação de programa busca examinar a efetividade dos programas e projetos governamentais.

38 INTRODUÇÃO À AUDITORIA OPERACIONAL

O professor A. Lopes de Sá[19] apresenta a seguinte definição:

> Auditoria que verifica o "desempenho" ou "forma de operar" dos diversos órgãos e funções de uma empresa. Tal auditoria testa "como funcionam" os diversos setores, visando, principalmente, a eficiência, a segurança no controle interno e a obtenção correta dos objetivos. *Pode tal revisão ser feita em conjunto com as demais, no caso de auditoria integral, ou isoladamente em períodos mais curtos* (grifo nosso).

Reider,[20] combinando 10 definições,[21] afirma que a auditoria operacional é "o exame das operações realizadas de um ponto de vista gerencial para avaliar a economicidade, a eficiência e a eficácia de uma ou de todas as operações, limitado somente pela vontade da administração".

Segundo Laurent,[22] temos:

> A auditoria operacional abrange essencialmente a avaliação da situação de uma organização do ponto de vista das performances de seu funcionamento e da utilização de seus meios; sua missão é, pois, elaborar um diagnóstico que visa tornar inteligível essa situação para a direção e para o pessoal da empresa, segundo as diversas dimensões que a caracterizam. (...)
>
> A auditoria operacional é a intervenção na empresa, sob a forma de um projeto de especialistas, utilizando técnicas e métodos específicos, tendo por objetivos:

---

[19] Sá, 1990:38.

[20] Reider, 1993:7-8.

[21] As definições são as seguintes: "1. Uma extensão da função de auditoria dentro de todas as operações de um negócio; 2. A aplicação da auditoria interna para as operações além dos controles financeiros; 3. A identificação de oportunidades para aumentar a eficiência e a economia, ou complementar a eficácia na execução dos procedimentos operacionais; 4. Uma técnica de controle para avaliar a eficácia dos procedimentos operacionais; 5. Nada mais que uma revisão dos controles, agora inclui os controles não-financeiros; 6. Auditoria de outras atividades além daquelas relacionadas com o exame das demonstrações financeiras; 7. Técnica de auditoria que envolve avaliação da eficiência e economia com as quais os recursos são gerenciados e consumidos; 8. Auditoria com um ponto de vista gerencial; 9. Auditoria feita para gerenciamento interno, não por terceiros, com o resultado apresentado internamente em vez de externamente; 10. Combinação da auditoria de economicidade e eficiência e a auditoria da eficácia ou resultados de programas" .

[22] Laurent, 1991.

AUDITORIA OPERACIONAL

❏ estabelecer as possibilidades de melhoria do funcionamento e de utilização dos meios, a partir de um diagnóstico inicial em torno do qual o mais amplo consenso é obtido;

❏ criar no seio da empresa uma dinâmica de progresso segundo os eixos de melhoria decididos.

Ramió e Mas,[23] além de apresentarem outras cinco definições, conceituam a auditoria operacional da seguinte maneira:

> É uma função de direção cuja finalidade é analisar e apreciar, com vistas às eventuais ações corretivas, o controle interno das organizações para garantir a integridade de seu patrimônio, a veracidade de sua informação e a manutenção da eficácia de seus sistemas de gestão.

Os mencionados autores resumem a definição apresentada, considerando que a auditoria operacional tem por objetivo a análise e o aprimoramento das atividades organizacionais, contudo excetuando os sistemas financeiro e contábil. Sobre a questão terminológica, afirmam que não passa de um "problema de etiquetas".

Para finalizar, podemos afirmar que, não obstante a questão de "etiquetas", a auditoria operacional é a ação independente de um terceiro para verificar se os aspectos de economicidade, eficiência e eficácia foram obedecidos numa relação de *accountability*, emitindo comentários e sugestões pertinentes.

Na tentativa de tornar mais fácil a compreensão desse tema, entendemos, com base na definição da Intosai, que a auditoria operacional é a auditoria que objetiva verificar se foi feita a coisa certa, na forma melhor e mais econômica.

Economicidade, eficiência e eficácia

A auditoria operacional é o exame objetivo e sistemático da gestão operativa de uma organização, programa, atividade ou função e está voltada para a identificação das oportunidades para se alcançar maior economicidade, eficiência e eficácia. Esse e todos os outros conceitos apresentados no item anterior, em me-

---

[23] Ramió e Mas, 1997:28.

nor ou maior grau, enfocam os três "E". Portanto, para compreender o conceito da auditoria operacional é necessário um breve estudo de seus três elementos constitutivos que levam à otimização de recursos, a saber: economicidade, eficiência e eficácia. Assim, antes de adentrarmos mais profundamente no estudo da auditoria operacional, cumpre discutir mais detalhadamente o que significam economicidade, eficiência e eficácia.

Entre as diversas acepções do termo, economia, do grego *oikonomía,* significa o aproveitamento eficiente de recursos (material, espaço, tempo etc.), com redução ao mínimo de gastos desses elementos, conforme definição do *Dicionário Michaelis.*[24]

Segundo o mesmo dicionário, eficiência, do latim *efficientia,* significa "capacidade de produzir um efeito; eficácia".[25]

Eficácia, do latim *efficacia,* é a "qualidade daquilo que produz o resultado esperado; eficiência", também segundo o *Michaelis.* [26]

Como podemos observar, em sentido genérico, esses conceitos se inter-relacionam, e a eficiência e a eficácia chegam a ser sinônimas.

Em administração, a economicidade, a eficiência e a eficácia ganham uma conotação técnica. Representam formas de se avaliar o desempenho de uma organização e têm significações diferenciadas.

A economicidade se refere à produção ao menor custo. Uma ação é econômica quando proporciona a aquisição de insumos ao menor preço, sem prejuízo da qualidade. Ela deve ser avaliada não em função de seu resultado presente, e sim no decorrer de um determinado tempo.

A eficiência está diretamente relacionada com a utilização racional dos recursos. O incremento na eficiência representa proporcionalmente um aumento na produtividade, pois uma ação eficiente torna melhor aquilo que já era feito. A eficiência corresponde à relação entre resultados alcançados e recursos consumidos, como se vê na figura 6. Isso quer dizer que a eficiência será atingida se, com os mesmos recursos (pessoas, materiais, espaço, tempo etc.) utilizados, conseguirmos mais resultados, ou se conseguirmos o resultado esperado com um consumo menor de recursos.

---

[24] Michaelis, 1998:761.

[25] Ibid., p. 765.

[26] Ibid., p. 761.

Figura 6

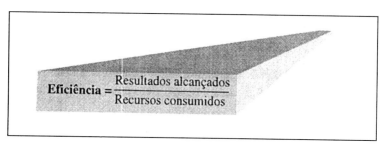

A eficácia corresponde à consecução dos resultados econômicos e sociais. Matematicamente falando, é chegar à solução do problema. Uma ação é considerada eficaz quando atinge os objetivos propostos, sejam eles materiais ou não. Portanto, a eficácia é medida pela relação entre os resultados efetivamente alcançados e os pretendidos, como mostra a figura 7:

Figura 7

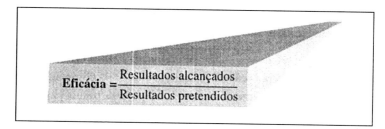

A eficácia interage com a eficiência. Quanto maior for a segunda, maior será a possibilidade de se alcançar a primeira, mas essa condição não pode ser aceita como regra geral. Às vezes, os recursos são utilizados da forma mais racional possível, as ações são realizadas corretamente, mas os esforços são direcionados incorretamente, ou seja, o fim não é alcançado. Por outro lado, é oportuno frisar que não é recomendável a eficácia momentânea, ou seja, alcançar um determinado fim utilizando os recursos de forma errônea.

Em síntese, podemos afirmar: eficiência é meio; eficácia é fim; eficiência é fazer bem; eficácia é fazer o que é certo.

A literatura técnica sobre auditoria operacional tem apresentado diversas definições, às vezes com conteúdos semelhantes, para esses três termos que constituem a própria essência dessa auditoria. No quadro a seguir apresentamos, de forma comparativa, algumas das principais:

42 — INTRODUÇÃO À AUDITORIA OPERACIONAL

Fonte	Economicidade	Eficiência	Eficácia
Escritório Nacional de Auditoria da Inglaterra (NAO), 1995:7	É o termo que está relacionado com a utilização de recursos num determinado programa a custo mínimo, considerando-se a obtenção de resultados com a qualidade apropriada.	É a relação entre os bens, serviços ou outros resultados alcançados e os recursos usados para obtê-las. Nas considerações sobre eficiência, o auditor governamental deve procurar responder à seguinte pergunta: até que ponto um resultado máximo é obtido de um determinado insumo ou um insumo mínimo é utilizado para um resultado desejado?	É a relação entre os resultados planejados e os resultados reais alcançados de projetos, programas ou outras atividades. Nas considerações sobre eficácia, o auditor governamental deve procurar responder à seguinte pergunta: até que ponto os bens, serviços ou outros resultados alcançados estão de acordo com os objetivos das políticas básicas estabelecidas, com as finalidades operacionais e com outros efeitos esperados?
Manual de auditoria governamental da Organização das Nações Unidas (ONU),1978:5	É a administração prática e sistemática dos assuntos de uma entidade, empresa ou projeto públicos, com o mínimo de custos operacionais, com o objetivo de cumprir as funções e responsabilidades estabelecidas por lei e regulamentos ou recomendadas especificadamente.	É a realização das metas de produção planejadas e outros objetivos específicos programados de uma maneira sistemática, que contribui para reduzir os custos operacionais sem prejuízo do nível da qualidade ou da oportunidade dos serviços prestados pela entidade, empresa ou projeto públicos.	É a adoção de um curso de ação que garanta a realização dos planos, objetivos ou metas (benefícios) determinados previamente e claramente definidos de entidades, empresas ou projetos públicos aos custos mais razoáveis (economicidade), de maneira factível e dentro de um prazo estabelecido ou conveniado (eficiência).

Continua

AUDITORIA OPERACIONAL

Fonte	Economicidade	Eficiência	Eficácia
Escritório do Auditor-Geral do Canadá, 1995:64	Está diretamente relacionada aos termos e condições em que os recursos financeiros, humanos e materiais são adquiridos. Uma operação é econômica quando os recursos são adquiridos em qualidade e quantidade apropriadas, ao menor custo possível.	Representa a relação entre os bens ou serviços produzidos e os recursos utilizados para produzi-los. Uma operação eficiente produz um máximo de resultados para um determinado conjunto de recursos, ou utiliza recursos mínimos para obter um determinado resultado na qualidade e quantidade esperadas.	É a medida em que a produção real de um determinado bem, serviço ou atividade alcança os objetivos predeterminados.
Organização Internacional de Entidades Fiscalizadoras Superiores, 1995	É a ação que consiste em reduzir ao mínimo o custo dos recursos empregados numa atividade, sem deixar de considerar a devida qualidade.	Representa a relação entre produto, em termos de bens, serviços e outros resultados, e os recursos utilizados para produzi-los.	É o grau em que os objetivos são alcançados e a relação entre os resultados desejados e os resultados reais de determinada atividade.
Tribunal de Contas da Holanda	Compreende um juízo sobre os recursos humanos, financeiros e materiais utilizados. A pergunta central é: dado um contexto político e social, tem-se trabalhado com sobriedade na aquisição e emprego dos recursos?	Relaciona-se com a economicidade. A pergunta central é: com os recursos empregados tem-se obtido um rendimento máximo, ou com menos recursos alcança-se o mesmo resultado (considerando a qualidade e o tempo	A pergunta a ser feita é: a política empregada tem conduzido aos efeitos previstos? Essa questão se divide em duas partes, a saber: foram conseguidos os objetivos da política? Os objetivos alcançados são resultados da política seguida?

Numa tentativa final de resumir os conceitos anteriormente relacionados, podemos apresentar:

❑ economicidade: é a capacidade de fazer, gastando pouco. É executar uma atividade ao menor custo possível, ou seja, *gastar menos;*
❑ eficiência: é a capacidade de fazer as coisas direito. É apresentar um desempenho satisfatório sem desperdícios, ou seja, *gastar bem;*
❑ eficácia: é a capacidade de fazer as coisas certas. É alcançar os objetivos ou metas previstas, ou seja, *gastar sabiamente.*

As expressões grifadas acima foram originariamente referendadas pelo Escritório Nacional de Auditoria (NAO) da Inglaterra.

Não podemos olvidar que os limites entre a economicidade, eficiência e eficácia são pouco nítidos. Uma operação, para ser perfeitamente eficaz, tem necessariamente que ser eficiente e econômica; por outro lado, se uma atividade é eficiente, inclui aspectos econômicos. As auditorias operacionais podem, portanto, tratar com esses diferentes componentes, conjunta ou particularmente, ao analisar aspectos diretamente ligados à economicidade, à eficiência e à eficácia. Assim, surgem os tipos de auditoria operacional, como veremos na última seção deste capítulo.

Recentemente, alguns doutrinadores vêm defendendo a incorporação de mais três "E" ao processo da auditoria operacional. Além dos tradicionais economicidade, eficiência e eficácia, tem-se discutido também a inclusão da ética, da eqüidade e do *environment* (que pode ser adaptado para ecologia em nosso idioma), perfazendo assim seis "E". Todavia, a literatura sobre esse tema ainda é escassa.

Entendemos que a ética — como obrigação da boa conduta — deve estar presente em qualquer relação humana e, portanto, ser considerada em qualquer tipo de auditoria. O mesmo argumento prevalece para a eqüidade, que deve sempre ser considerada pelo auditor quando da aplicação dos procedimentos de auditoria. Os impactos no meio ambiente devem ser analisados pelo auditor quando da avaliação inicial e na aferição dos resultados parciais ou finais de um programa.

Ademais, é comum encontrarmos também a efetividade — resultado verdadeiro — como um dos componentes da auditoria operacional. Neste livro, adotamos somente a economicidade, a eficiência e a eficácia, esta última consoante definição da Intosai, abarcando o significado da efetividade.

História da auditoria operacional

A auditoria operacional surgiu da necessidade de melhorar a qualidade dos relatórios apresentados pelos auditores no que se refere aos resultados da gestão privada e pública, em face das limitações das informações financeiras. Essa necessidade foi suprida com a aplicação de procedimentos auditoriais, de modo a avaliar o desempenho operacional de uma organização no que tange à economicidade, à eficiência e à eficácia, mediante a revisão dos processos administrativo-operacionais.

Os objetivos principais da auditoria operacional são apresentar sugestões para melhorar a gestão dos recursos e identificar aspectos de ineficiência, desperdícios, desvios, ações antieconômicas ou ineficazes e práticas abusivas.

A história da auditoria operacional pode ser estudada em duas áreas distintas: sua origem no setor governamental e sua origem no setor privado.

No setor governamental

No setor governamental, a auditoria operacional, segundo Haller e outros autores, desenvolveu-se em função dos trabalhos realizados pelo GAO, bem como por outras entidades de auditoria em âmbito estadual do governo norteamericano.

O GAO, indubitavelmente, é um dos principais responsáveis pelo progresso da auditoria operacional no setor público, tanto sob o aspecto do desempenho operacional propriamente dito quanto do desenvolvimento de metodologia e normas[27] básicas para ela.

Todavia, até onde nossas pesquisas puderam alcançar, a auditoria operacional inicia seu processo de sistematização como ramo da auditoria na área governamental a partir dos anos 1970, pois, já em setembro de 1971, a Intosai, em face da insistente tendência de ampliar o universo de exame da auditoria contábil e de cumprimento realizada num enfoque tradicional, aprovou o conceito de "auditoria integral" ou integrada, que, segundo a melhor doutrina, envolve as seguintes responsabilidades:

---

[27] Ver no capítulo 6 as normas de auditoria do GAO para a auditoria operacional.

46 INTRODUÇÃO À AUDITORIA OPERACIONAL

a) contábil;
b) administrativa;
c) programática.

Como se pode observar, para a verificação do cumprimento da *responsabilidade contábil* — que envolve a adequação das informações apresentadas nas demonstrações contábeis, além do aspecto relacionado à obediência a leis e regulamentos aplicáveis —, faz-se necessária a realização da auditoria contábil. Igualmente, para a constatação do cumprimento das *responsabilidades administrativas e programáticas* — que abrangem questões de economicidade e eficiência na aplicação dos recursos públicos, bem como procuram verificar se os programas governamentais estão atingindo os resultados propostos, levando em consideração os aspectos de custos e benefícios alcançados —, torna-se imprescindível a realização de auditoria operacional.

Assim, pode-se considerar o VII Congresso da Intosai, realizado em 1971, como um dos marcos iniciais da auditoria operacional no mundo.

Em 1972, o GAO publicou a primeira versão das *Normas de auditoria governamental,* logo denominada *Livro amarelo,* devido a sua capa de cor amarela. A última atualização dessas normas foi apresentada em 2007. Tal documento trata amplamente de todas as formas de auditoria, definindo o conceito e o campo de atuação da auditoria operacional e apresentando os seus preceitos.

Outro fato marcante na evolução histórica da auditoria operacional é que, com o objetivo de examinar as funções, responsabilidades e relações institucionais do Escritório do Auditor-Geral do Canadá, foi criada em 1973 uma Comissão Independente de Revisão para o Escritório do Auditor-Geral, também denominada Comissão Wilson.

Devidamente apoiada pelo governo canadense, em meados de abril de 1975, essa comissão apresentou seu relatório ao Parlamento do Canadá e, como primeira recomendação, afirmou:

> Deverá legislar-se, em diploma autônomo, sobre as competências do Auditor Geral e o seu relacionamento com o Escritório de Auditoria. A atual Lei de Administração Financeira deverá ser revista em conformidade.[28]

---

[28] Escritório do Auditor-Geral do Canadá, 1995.

AUDITORIA OPERACIONAL

Em atendimento a essa recomendação, o Parlamento canadense aprovou em 1977 a Lei do Auditor-Geral, que criou legislação independente sobre auditoria. A lei referente ao Escritório do Auditor-Geral do Canadá e aos assuntos a ele relacionados, ratificada em 14 de julho de 1977, apresenta no título "Relatório à Câmara dos Comuns", art. 7º, item 11, as seguintes determinações:

(1) O auditor-geral apresentar-se-á anualmente à Câmara dos Comuns para prestar contas:
a) do trabalho realizado pelo seu Gabinete; e
b) da obtenção de todas as informações e explicações necessárias ao desempenho do seu trabalho.

(2) Todos os relatórios do auditor-geral ao abrigo da subseção (1) devem salientar qualquer ocorrência considerada relevante, ou de natureza que justifique a sua participação à Câmara dos Comuns, incluindo quaisquer casos observados em que:

a) as contas não tenham sido fiel e corretamente mantidas, ou dinheiros públicos não tenham sido totalmente justificados ou pagos, nos casos *em que a lei o preveja,* ao Fundo da Receita Consolidada;

b) não tenham sido mantidos *registros essenciais,* ou as normas e procedimentos aplicados tenham sido insuficientes para salvaguardar e controlar a propriedade pública, de modo a garantir uma verificação eficaz da avaliação, coleta e adequada atribuição de receitas, e garantir que as despesas tenham sido efetuadas apenas como autorizado;

c) não se tenha gasto dinheiro em fins que não os autorizados pelo Parlamento; .

d) tenham sido efetuadas despesas sem ter em devida conta *critérios de economicidade ou eficiência;* ou

e) não tenham sido estabelecidos procedimentos para *medir e relatar adequadamente a eficácia de programas,* nos casos em que esses procedimentos pudessem ser apropriados e razoavelmente implementados (grifo nosso).

Assim, verifica-se também a preocupação inicial de legislar sobre a auditoria operacional, pois, para a apresentação de relatórios como os definidos nas alíneas "a" a "e" citadas, necessária se faz a aplicação dessa nova metodologia.

48 INTRODUÇÃO À AUDITORIA OPERACIONAL

No Canadá, a auditoria operacional, como componente da auditoria integrada, foi concebida basicamente para atender às exigências do Parlamento Federal e do Poder Legislativo de várias províncias daquele país. Nos anos 1970, eles estavam ávidos por receber melhores informações sobre a *accountability*, que, como vimos no capítulo 1, representa a "obrigação de responder por uma responsabilidade conferida. Presume a existência de pelo menos duas partes: uma que confere a responsabilidade e outra que a aceita, com o compromisso de prestar contas de como usou a responsabilidade conferida".

O IX Congresso Mundial de Tribunais de Contas, realizado em 1977 em Lima (Peru), recomendava o que se segue:

> O volume de recursos financeiros aplicados e a importância dos objetivos a alcançar para o bem-estar dos respectivos países determinam que se deve evitar todo gasto inútil e antieconômico; portanto, os organismos de controle deverão estender seus exames para além da auditoria contábil, a fim de penetrarem na *auditoria operacional, condizente com a eficiência, economicidade e efetividade* (grifo nosso).

A Lei de Finanças do Governo Municipal *(Local Government Finance Act)* de 1982 da Inglaterra determinou que também fossem realizadas auditorias operacionais nas unidades do governo municipal. No Reino Unido, o conceito de auditoria operacional está implícito na prática do *value for money*, que tem sido traduzido para o português como "auditoria do valor por dinheiro" e consiste na obrigação de se avaliar o quanto o contribuinte está recebendo sob a forma de bens e serviços do setor governamental em troca do dinheiro que é pago em face dos impostos.

No XII Congresso da Intosai, realizado em Sydney (Austrália), o primeiro tema discutido foi a auditoria operacional. Reconheceu-se a necessidade de melhorar a divulgação das demonstrações financeiras e dos resultados das atividades e de aperfeiçoar a gestão do setor público mediante o desenvolvimento da auditoria operacional, que, segundo a própria Intosai, objetiva avaliar a economicidade, a eficiência e a eficácia.

Nos dias atuais, passados quase 30 anos de sua concepção, o conceito de auditoria operacional continua em evolução. Muito ainda deve ser pesquisado, desenvolvido, sistematizado e até mesmo normatizado. Todavia, sua aplicação

AUDITORIA OPERACIONAL

49

se torna imprescindível para que as auditorias governamental e privada modernas cumpram o seu importante papel social e, dessa forma, tenha-se cada vez mais *accountability*.

No setor governamental brasileiro, a auditoria operacional foi, por força da Constituição Federal, implantada em 1988. Contudo, ainda que de forma embrionária, já se falava dessa auditoria no Brasil em 1982, pois o Tribunal de Contas da União, atento à diretriz do IX Congresso Mundial de Tribunais de Contas, através de Portaria nº 199, de 12 de dezembro de 1982, instituiu a auditoria programática, com características bem semelhantes às da auditoria operacional.

Em 1985, o Tribunal de Contas do Estado da Bahia implantou, através do Ato nº 548, o seu *Manual de auditoria,* segundo o modelo canadense de auditoria integrada, envolvendo, portanto, aspectos da auditoria operacional.

Em 7 de julho de 1989, a Instrução Normativa STN nº 10 adotou, como um dos tipos de auditoria, a auditoria operacional, que objetiva "verificar e avaliar, com observância das diretrizes estabelecidas pela legislação específica, a eficiência e a racionalidade da gestão, a organização, os métodos de trabalho e os sistemas administrativos e de controle adotados".

Em 1994, a Resolução nº 17 do Tribunal de Contas da União estabelece como uma das finalidades da auditoria avaliar, do ponto de vista do desempenho operacional, atitudes dos organismos auditados e aferir os resultados alcançados pelos programas e projetos governamentais a seu cargo, reforçando assim a adoção dessa nova metodologia.

Em 1998, o Tribunal de Contas da União publicou o seu *Manual de auditoria de desempenho.*[29] Eis o conceito de auditoria de desempenho, segundo esse manual:

> A auditoria de desempenho consiste na avaliação sistemática dos programas, projetos e atividades governamentais, assim como dos órgãos e entidades jurisdicionadas ao Tribunal.

> A auditoria de desempenho abrange duas modalidades: a auditoria operacional e a avaliação de programa.
>
> 1.1. Auditoria operacional

---

[29] Atualmente denominado *Manual de auditoria de natureza operacional,* abrangendo a Auditoria de Desempenho Operacional e a Avaliação de Programas.

O objetivo da auditoria operacional é examinar a ação governamental quanto aos aspectos da economicidade, eficiência e eficácia. Com esse intuito, são examinados os seguintes aspectos:

- como os órgãos e entidades públicas adquirem, protegem e utilizam seus recursos;
- as causas de práticas antieconômicas e ineficientes;
- o cumprimento das metas estabelecidas;
- a obediência aos dispositivos legais aplicáveis aos aspectos da economicidade, eficiência e eficácia da gestão.

Portanto, o foco da auditoria operacional é o processo de gestão nos seus múltiplos aspectos — de planejamento, de organização, de procedimentos operacionais e de acompanhamento gerencial, inclusive quanto aos seus resultados em termos de metas alcançadas.

Ao se proceder a uma auditoria operacional, deve-se abordar, entre outras questões:

- a adequação da estrutura organizacional aos objetivos do órgão ou entidade;
- a existência de sistemas de controle adequados, destinados a monitorar, com base em indicadores de desempenho válidos e confiáveis, aspectos ligados à economicidade e à eficiência;
- o cumprimento das práticas recomendadas pela legislação para aquisição de bens e serviços;
- a adequação das aquisições no que se refere aos prazos, à quantidade, ao tipo, à qualidade e aos preços;
- a guarda e manutenção dos bens móveis e imóveis;
- a existência de rotinas e procedimentos de trabalho documentados e atualizados;
- o uso adequado dos recursos humanos, instalações e equipamentos voltados para a produção e prestação de bens e serviços na proporção, qualidade e prazos requeridos;
- a extensão do cumprimento das metas estabelecidas pela administração ou legislação pertinente.

AUDITORIA OPERACIONAL

1.2. Avaliação de programa

O objetivo da avaliação de programa é examinar o impacto dos programas, projetos e atividades governamentais.

No contexto deste manual, o impacto da ação governamental deve ser entendido como o resultado líquido produzido por um programa, projeto ou atividade, ou seja, as modificações verificadas no objeto da ação que podem ser atribuídas única e exclusivamente àquelas modalidades de intervenção estatal.

Enquanto a auditoria operacional verifica, além da eficiência operativa, o grau de cumprimento das metas, comparando metas previstas com metas realizadas, a avaliação de programa busca apurar em que medida as ações implementadas lograram produzir os efeitos pretendidos pela administração.

Não corroboramos esse entendimento, pois a auditoria de desempenho é mais uma denominação da auditoria operacional, como já discutimos aqui exaustivamente. Para elidir qualquer dúvida sobre a matéria, recomendamos a revisão do conceito de auditoria operacional descrito no *Livro amarelo* do GAO.

Evidentemente, muito caminho já foi percorrido pelos tribunais de contas no Brasil com o objetivo de efetivar a implantação da auditoria operacional. Contudo, a jornada a ser percorrida é ainda bastante árdua. Poucos são os operários e muitos esforços deverão ser empreendidos para a sua total aceitação e, conseqüentemente, para o aperfeiçoamento do serviço público e seu importante papel social.

No setor privado

No que tange ao setor privado, a expressão auditoria operacional foi inicialmente utilizada, segundo relatam, pelos auditores internos há algumas décadas para descrever os exames realizados com o objetivo precípuo de verificar se as operações estavam sendo executadas com economicidade e eficiência e se os resultados propostos estavam sendo alcançados — eficácia.

Indubitavelmente, os auditores internos foram os principais responsáveis pelo desenvolvimento da auditoria operacional no setor privado. A demanda desse tipo de trabalho surgiu quando a administração percebeu que os relatórios financeiros não eram, por si sós, suficientes para a completa avaliação de uma

52 INTRODUÇÃO À AUDITORIA OPERACIONAL

gestão. Como a auditoria contábil já era realizada pelos auditores externos, e para evitar uma duplicação de esforços, os auditores internos enveredaram pela fronteira da auditoria operacional.

Vale notar que, inicialmente, a auditoria operacional tinha maior aplicação nas empresas industriais, mas seu enfoque construtivo, a metodologia aplicada e os resultados positivos que a marcam, possibilitavam também a sua aplicação em outros tipos de empresa.

No Brasil, não tem sido comum a elaboração de documentos sobre a auditoria operacional no setor privado.

Em 1995, através da Resolução nº 780, o Conselho Federal de Contabilidade, ao aprovar as normas para a auditoria interna, assim preconizou:

> A auditoria interna constitui o conjunto de procedimentos técnicos que tem por objetivo examinar a integridade, adequação e eficácia dos controles internos e das informações fiscais, contábeis, financeiras e *operacionais* da entidade (grifo nosso).

Segundo as normas de auditoria interna aprovadas pelo Instituto dos Auditores Internos do Brasil,[30] "os auditores devem verificar se os recursos são empregados de maneira eficiente e econômica" e também "examinar operações e programas para verificar se seus resultados são compatíveis com os planos e se essas operações e programas são executados de acordo com o que foi planejado".

O avanço da auditoria operacional realizada pelos departamentos de auditoria interna das empresas americanas deveu-se, basicamente, ao incentivo do Instituto dos Auditores Internos (IIA), por meio de seus programas de capacitação e publicações, bem como pela incorporação dos conceitos desse tipo de auditoria a suas normas profissionais. Mais recentemente, o Instituto Americano de Contadores Públicos Certificados (AICPA) também incorporou essa metodologia.

Segundo Haller,[31] embora a auditoria interna das empresas americanas tenha conseguido notáveis progressos nas auditorias operacionais relacionadas à economicidade e à eficiência, no que se refere à eficácia foram poucos os

---

[30] Instituto dos Auditores Internos do Brasil, 1992.
[31] Haller, 1985.

AUDITORIA OPERACIONAL   53

avanços, principalmente em face da dificuldade de estabelecer indicadores para sua aferição.

Ainda segundo Haller, a auditoria operacional no âmbito da auditoria interna tem sofrido as seguintes limitações:

□ *nível de relacionamento hierárquico* — normalmente, dentro da estrutura organizacional, a auditoria interna está subordinada a um diretor financeiro. Logo, o enfoque de trabalho freqüentemente se concentra nos assuntos financeiros, prejudicando a realização de auditoria operacional;
□ *medidas financeiras alternativas* — as análises financeiras, tais como lucros por ação, lucro líquido e retorno sobre investimento, aceitas como parâmetros para avaliação da eficácia, evitam o desenvolvimento de outros indicadores;
□ *apoio de auditorias financeiras externas* — a concentração de recursos da auditoria interna no auxílio das auditorias externas reduzindo a oportunidade para realização de auditorias operacionais.

Aliada a essas limitações, podemos incluir a questão do custo, pois a realização de uma auditoria operacional muitas vezes consome muito mais recursos do que uma auditoria contábil. Conseqüentemente, em períodos recessivos, é uma das primeiras atividades a serem cortadas.

Não obstante essas limitações, a auditoria operacional constitui um instrumento valioso para a administração, conforme veremos a seguir.

Benefícios da auditoria operacional

Não é possível relacionar todas as vantagens obtidas com a realização de uma auditoria operacional. Numa tentativa de síntese, poderíamos dizer que ela pode proporcionar os seguintes benefícios:

□ contribuir para a *accountability*;
□ aumento de receitas;
□ melhoria do desempenho;
□ diminuição de desperdícios e de práticas ineficientes, antieconômicas, ineficazes e abusivas;
□ redução de custos;
□ melhoria dos controles;

54 INTRODUÇÃO À AUDITORIA OPERACIONAL

- racionalização de procedimentos;
- incremento do resultado.

O AICPA apresenta uma relação dos benefícios que se podem conseguir com a aplicação da auditoria operacional:

- identificação de objetivos, políticas e procedimentos organizacionais ainda não definidos;
- identificação de critérios para avaliação do grau de consecução dos objetivos da organização;
- avaliação independente e objetiva de operações específicas;
- avaliação do cumprimento dos objetivos, políticas e procedimentos organizacionais;
- avaliação da eficácia dos sistemas de controle gerencial;
- avaliação da confiabilidade e utilidade dos relatórios gerenciais;
- identificação de áreas problemáticas e de suas causas;
- identificação de áreas que contribuem para um possível aumento de lucros ou receitas e/ou diminuição ou limitação de custos;
- identificação de cursos de ação alternativos.

Segundo Haller,[32] essas vantagens demonstram que a auditoria operacional, se for bem planejada e bem executada, pode gerar resultados positivos que superam os custos incorridos para a sua realização, mesmo que eles sejam relevantes.

Reider[33] menciona os seguintes benefícios que a auditoria operacional pode gerar, aqui livremente traduzidos:

- identificar áreas problemáticas, relacionar suas causas e implementar medidas alternativas;
- localizar oportunidades de eliminar desperdícios e ineficiências;
- reduzir custos;

---

[32] Haller, 1985.
[33] Reider, 1993:16-18.

AUDITORIA OPERACIONAL

- identificar oportunidades de incrementar receitas, isto é, melhoria de rendimento;
- identificar metas, objetivos, políticas e procedimentos;
- identificar critérios de medição de cumprimento das metas;
- recomendar melhorias das políticas organizacionais;
- revisar o cumprimento legal;
- testar ocorrências de fraudes e práticas irregulares ou não-autorizadas;
- proporcionar um canal adicional entre os níveis operacionais e a alta gerência;
- proporcionar uma avaliação independente dos objetivos das operações.

Conforme o GAO,[34] a auditoria operacional objetiva verificar, entre outros pontos, se o ente auditado:

- adota políticas idôneas para efetuar suas aquisições;
- obtém os recursos de que precisa, com a qualidade e na quantidade apropriadas, quando necessários e ao menor custo possível;
- protege e mantém adequadamente seus recursos;
- evita a duplicação de esforços de seu pessoal e o trabalho de pouca ou nenhuma utilidade;
- evita o ócio e o excesso de pessoal;
- utiliza procedimentos operacionais eficientes;
- emprega a quantidade ideal de recursos (pessoal, equipamentos e instalações) para produzir bens ou prestar serviços na quantidade, qualidade e oportunidade apropriadas;
- cumpre requisitos de leis e regulamentos que poderiam afctar significativamente a aquisição, salvaguarda e uso de seus recursos;
- utiliza um sistema de controle administrativo adequado para medir, preparar relatórios e monitorar a economicidade e eficiência de um programa;
- produz relatórios válidos e confiáveis relacionados com as medidas de economicidade e eficiência.

---

[34] Escritório de Accountability Governamental dos Estados Unidos (GAO), 1995:21-23.

No que tange aos programas auditados, a auditoria operacional, segundo o GAO, também pode:

- avaliar se os objetivos de um programa proposto, recém-criado ou em curso, são apropriados, convenientes ou relevantes;
- determinar em que medida um programa alcança os resultados desejados;
- avaliar a eficácia de um programa e/ou de componentes específicos desse programa;
- identificar os fatores inibidores de um desempenho satisfatório;
- verificar se a administração considerou alternativas para a execução do programa que poderiam conduzir aos resultados desejados com maior eficácia e a menor custo;
- verificar se o programa complementa outros a ele relacionados, sobrepõe-se a eles ou conflita com eles;
- recomendar medidas para melhorar a execução dos programas;
- avaliar o cumprimento das leis e regulamentos aplicáveis ao programa;
- avaliar a adequação do sistema de controle administrativo para medir a eficácia, preparar os relatórios correspondentes e supervisionar a execução do programa;
- verificar se a administração apresentou relatórios, válidos e confiáveis, sobre medidas relacionadas com a efetividade do programa.

Na revisão de suas normas ocorrida em 2003, o GAO apresentou a simplificação desses objetivos.

> 2.10. Os objetivos das auditorias de efetividade e resultados dos programas visam, usualmente, medir o grau em que o programa está alcançando seus objetivos e metas. Os objetivos das auditorias de economicidade e de eficiência se direcionam a avaliar se a organização está adquirindo, protegendo e utilizando seus recursos da forma mais produtiva para alcançar os objetivos do programa.

Freqüentemente, os objetivos das auditorias de efetividade e resultados dos programas e os objetivos das auditorias de economicidade e eficiência estão inter-relacionados e podem ser atendidos, concorrentemente, nas auditorias operacionais.

Assim, segundo o GAO, exemplos desses objetivos comuns incluem a emissão de opinião sobre:

- o grau em que as metas e objetivos legais e regulamentares das organizações está sendo atingido;
- a capacidade da organização para avaliar ações alternativas que proporcionem melhores rendimentos para o programa ou eliminem fatores que possam limitar sua efetividade;
- os custos e benefícios, ou a efetividade, relativos ao desempenho do programa;
- se um programa alcançou os resultados previstos ou se gerou efeitos não esperados, segundo os objetivos do programa;
- o grau em que os programas duplicam, sobrepõem ou entram em conflito com outros programas correlacionados;
- se o organismo auditado está seguindo sólidas práticas de aquisições;
- a validade e a confiabilidade dos parâmetros de avaliação de desempenho relacionados à efetividade e resultado dos programas ou à sua economicidade e eficiência;
- a confiabilidade, validade ou relevância da informação contábil relacionada ao desempenho do programa.

Não podemos afirmar que todos esses objetivos apresentados serão efetivamente alcançados, pois o resultado das auditorias operacionais pode variar em função da complexidade do programa ou ente auditado, da existência ou não de critérios adequados de auditoria, do tempo e dos recursos disponíveis para a realização dos exames e, fundamentalmente, da experiência dos auditores responsáveis pela realização dos trabalhos.

Tipos de auditoria operacional

Como vimos no tópico anterior, o GAO, ao apresentar os benefícios da utilização da auditoria operacional, a divide em duas grandes áreas, a saber:

- auditoria de economicidade e eficiência;
- auditoria de eficácia.[35]

---

[35] Em nossa opinião, o GAO aborda os objetivos da auditoria de eficácia quando fala da realização das auditorias de programa.

58 INTRODUÇÃO À AUDITORIA OPERACIONAL

Assim, podemos afirmar que a auditoria operacional divide-se em auditorias de economicidade e eficiência e auditorias de eficácia. Corroborando esse entendimento, Haller afirma que:

> A auditoria operacional abrange uma gama de trabalhos de auditoria com tendência natural à divisão em duas áreas principais, a saber: auditorias de eficiência e economicidade e auditorias de eficácia. Como o próprio nome indica, as auditorias de eficiência e economicidade concentram-se na melhoria do uso dos recursos, mediante redução dos custos e/ou aumento da produção. Já as auditorias de eficácia destinam-se a avaliar como se cumpre uma atividade, em relação a seus objetivos ou a outros parâmetros de desempenho apropriados.[36]

É oportuno frisar que esses tipos de auditoria podem ser realizados separadamente ou no conjunto, sendo a primeira hipótese a mais comum. Para melhor compreensão desse tema, recomendamos a leitura do capítulo 3 do livro de Haller.

Finalmente, seguindo o modelo canadense de auditoria, o Tribunal de Contas do Estado da Bahia, desde 1984, vem aplicando uma metodologia que, além de envolver os aspectos financeiros, próprios da auditoria contábil, envolve também a auditoria operacional. É o que se denomina auditoria integrada.

A auditoria integrada é conceituada como a auditoria de amplo escopo, amplo alcance ou escopo abrangente sobre a obrigação de responder por uma responsabilidade conferida, realizada por partes que se complementam entre si. Segundo o Escritório do Auditor-Geral do Canadá, essas partes seriam, na realidade, três componentes: auditoria financeira, auditoria de conformidade e auditoria operacional ou de otimização de recursos. Os dois primeiros compõem a auditoria de regularidade.

O último, porém não menos importante, componente da auditoria integrada, como vimos, está diretamente relacionado com o grau de economicidade e eficiência na utilização dos recursos públicos ou privados (humanos, financeiros e patrimoniais) e com o nível de eficácia alcançado pelos programas na realização dos seus objetivos.

A expressão auditoria integrada é utilizada pelo Escritório do Auditor-Geral do Canadá para descrever um "enfoque de auditoria de escopo ampliado, com

---

[36] Haller. 1985.

AUDITORIA OPERACIONAL

o objetivo de revisar sistematicamente e elaborar relatórios sobre as relações de responsabilidade de prestar contas e sobre as atividades de apoio, os sistemas e controles utilizados pela administração no cumprimento dos seus deveres e obrigações".[37] Logo, podemos também chamar a auditoria integrada de auditoria de amplo escopo.[38]

---

[37] Ver Instituto Latino-Americano de Ciências Fiscalizadoras — Ilacif (atual Organização Latino-Americana das Instituições Superiores de Auditoria — Olacefs), 1981:20.

[38] Para um aprofundamento do tema, ver Araújo, 1998:43.

CAPÍTULO 5

Auditoria operacional *versus* auditoria contábil

A auditoria operacional utiliza em muitas oportunidades os mesmos procedimentos e técnicas da auditoria contábil para examinar, em síntese, os controles operacionais, a gestão e a estratégia da organização auditada. Todavia, apresenta as seguintes limitações:

- dificuldades para se determinar o escopo da auditoria;
- ausência de dados adequados (especificação das metas, objetivos, indicadores e parâmetros de eficiência);
- dificuldades na identificação dos indicadores de eficácia;
- dificuldades em estabelecer padrões de procedimento;
- complexidade na delimitação dos critérios;
- falta de pessoal qualificado;
- recursos escassos.

Não obstante a utilização de praticamente os mesmos procedimentos, podemos, baseados no *Manual de auditoria governamental* da Olacefs, apresentar algumas diferenças entre essas duas metodologias de auditoria:

- o escopo da auditoria operacional é ilimitado, enquanto o da auditoria contábil limita-se às demonstrações contábeis e a outras informações financeiras;
- em regra, a auditoria operacional é aplicada em determinadas áreas críticas. Já a auditoria contábil abarca as áreas financeiras relevantes;
- a auditoria operacional objetiva responder questões relativas ao desempenho. Por outro lado, a auditoria contábil visa a expressar opinião sobre a adequação dos demonstrativos contábeis;

62 Introdução à Auditoria Operacional

- na auditoria operacional, a fase de planejamento, como veremos no próximo capítulo, é muito concentrada no campo. O planejamento da auditoria contábil freqüentemente é realizado no escritório do auditor;

- na auditoria operacional, os programas para realização dos exames são constantemente modificados em face da dinâmica do processo. Já os programas da auditoria contábil são padronizados e eventualmente carecem de alterações;

- a auditoria operacional necessita constantemente do concurso de especialistas para a sua execução, o que não ocorre com a auditoria contábil;

- enquanto os questionários de avaliação de controle interno são muito utilizados na auditoria contábil, na auditoria operacional seu uso é bastante limitado;

- o procedimento de entrevista é muito mais utilizado na auditoria operacional do que na auditoria contábil;

- a quantidade de pessoas de uma equipe que realiza a auditoria operacional varia muito no transcurso dos exames. Na auditoria contábil, o número de auditores é praticamente fixo;

- do auditor operacional se exigem conhecimentos, habilidades e experiências especiais em diversas áreas relacionadas com os aspectos operacionais, ao passo que do auditor contábil se exigem apenas conhecimentos na área financeira e áreas afins (pessoal, tributária etc.);

- por ser uma atividade recente, a auditoria operacional carece da padronização de procedimentos, práticas e técnicas. Já a auditoria contábil, muito mais desenvolvida, possui muitos procedimentos e práticas universalmente aceitas;

- muitas das evidências da auditoria operacional são obtidas em diversas fontes, além dos documentos e registros formais. A auditoria contábil se baseia, na maioria das vezes, nesses tipos de registros e documentos;

- na auditoria operacional, o auditor não emite opinião ou parecer sobre as operações ou o desempenho da gerência, tal como se costuma fazer quando dos exames dos demonstrativos financeiros, mas emite comentários, observações etc.;

AUDITORIA OPERACIONAL VERSUS AUDITORIA CONTÁBIL

- enquanto o enfoque básico da auditoria operacional é o presente, pois o auditor operacional examina e avalia as operações correntes e as recentemente realizadas, o enfoque da auditoria contábil é o passado, pois o auditor financeiro normalmente examina e avalia as transações do exercício financeiro anterior;

- os critérios de comparação e avaliação na auditoria operacional não têm sido claramente estabelecidos, tampouco definidos, podendo variar de uma área crítica examinada para outra. Já os critérios aplicados na auditoria contábil são os princípios fundamentais de contabilidade e outras normas gerais, que são relativamente constantes, apesar da possibilidade de certas aplicações alternativas. Normalmente esses critérios da auditoria contábil não variam de um exame, ou de parte dele, para outro;

- a auditoria operacional é realizada quando necessário, porém não de forma regular ou periodicamente. A auditoria contábil de preferência se realiza anualmente;

- enquanto as normas da auditoria contábil estão completamente definidas, o mesmo não ocorre com normas da auditoria operacional.

A seguir, para facilitar o entendimento da matéria, apresentamos um quadro comparativo entre a auditoria operacional e a auditoria contábil.

Diferença em relação a	Auditoria	
	Operacional	Contábil
Escopo dos exames	Amplo ou abrangente	Demonstrações contábeis
Área examinada	Todas as relevantes	Financeiras relevantes
Realização do planejamento	Concentrada no campo	Concentrada no escritório
Modificação dos programas	Constantemente	Raramente
Concurso de especialistas	Normalmente	Raramente
Questionários de avaliação	Raramente	Normalmente

Continua

Diferença em relação a	Auditoria	
	Operacional	Contábil
Utilização de entrevistas	Normalmente	Algumas vezes
Procedimentos adotados	Alguns definidos e outros a serem definidos	Completamente definidos
Critérios	Alguns definidos e outros a serem definidos	Completamente definidos
Conhecimentos e habilidades	Especiais	Específicos da área
Quantidade de pessoal	Varia muito	Não varia
Fontes de evidência	Diversas	Registros e documentos
Relatórios produzidos	Não possui modelo padronizado	Modelo padronizado denominado parecer
Conteúdo do relatório	Comentários	Opinião
Normas adotadas	Adota algumas normas da auditoria contábil	Definidas pelos órgãos de classe
Periodicidade dos trabalhos	Oportunidade definida em parceria com a administração	Anual, conforme a data de elaboração das demonstrações contábeis
Prazo de realização	Normalmente são longos	Normalmente são curtos
Áreas auditadas	Diversas	Financeira
Enfoque dos exames	Passado, presente e futuro	Passado

Capítulo 6

Normas de auditoria operacional

Como vimos no capítulo 5, as normas de auditoria operacional não estão completamente definidas. Assim, não se encontram facilmente, nos poucos tratados sobre auditoria operacional, comentários a respeito de suas normas específicas. Alguns autores chegam a afirmar que o estabelecimento de normas para a auditoria operacional é tarefa bastante complexa, em face da amplitude de seu objeto de exame e da diversidade de operações a serem auditadas.

As normas de auditoria objetivam estabelecer os requisitos mínimos a serem observados pelo auditor e pela instituição de auditoria na realização do processo auditorial englobando todas as suas fases, a saber: planejamento, execução, relatório e acompanhamento.

Não obstante os avanços alcançados na normatização da auditoria contábil, principalmente em face das resoluções aprovadas pelo Conselho Federal de Contabilidade (CFC), ainda não foram elaboradas normas para a execução de auditoria operacional, seja no âmbito do setor privado ou do setor público. E neste último a lacuna se torna ainda mais relevante, em face do preconizado no art. 70 da Constituição Federal.

Um conjunto de normas auditoriais deve abarcar preceitos sobre:

- responsabilidade e zelo;
- competência técnico-profissional;
- independência profissional;
- ética profissional;
- sigilo profissional;
- planejamento;
- execução dos trabalhos;

66 INTRODUÇÃO À AUDITORIA OPERACIONAL

❑ documentação da auditoria;

❑ controle de qualidade;

❑ comunicação de resultados e relatório.

Contudo, diversos países têm editado normas específicas para auditoria operacional. Entre eles destacam-se os Estados Unidos que, pelo Escritório de Accountability Governamental (GAO), possui normas próprias para auditoria operacional. Outra iniciativa digna de menção é a publicação das Diretrizes para Normas de Auditoria Operacional pela Organização Internacional das Entidades Fiscalizadoras Superiores (Intosai).

O GAO foi o pioneiro no estabelecimento das normas para esse tipo de auditoria. Posteriormente, em 1973, o AICPA acatou a filosofia do GAO.

As normas de auditoria aprovadas pelo GAO são constantemente revistas, e sua última atualização data de 2007.

A seguir, apresentamos um breve resumo das normas de auditoria operacional por ele elaboradas, que podem ser divididas em normas gerais, normas para o trabalho de campo e normas para a apresentação de relatórios.

Normas gerais

Capacitação profissional

A equipe designada para executar a auditoria deverá ter, em seu conjunto, a capacitação profissional necessária para realizar as tarefas requeridas.

Independência

Em todos os assuntos relacionados aos trabalhos de auditoria, a organização de auditoria e os auditores governamentais ou públicos, individualmente, devem estar livres de impedimentos pessoais e externos quanto à independência; devem ser organizacionalmente independentes e manter atitude e postura independentes.

Devido zelo profissional

Deve-se proceder à execução da auditoria e à preparação dos relatórios correspondentes com o devido zelo profissional.

Normas de Auditoria Operacional

Controle de qualidade

As organizações que realizam auditorias em consonância com essas normas devem ter um sistema interno de controle de qualidade apropriado e participar de um programa de revisão externa de controle de qualidade.

Normas para o trabalho de campo

Planejamento

O trabalho deve ser planejado adequadamente. Ao planejar a auditoria, os auditores devem definir os objetivos, o escopo e a metodologia para alcançá-los. Ao planejar a auditoria operacional, os auditores devem:

- considerar a importância e as necessidades dos usuários potenciais do relatório de auditoria;
- obter uma compreensão do programa que será auditado;
- considerar os requisitos de ordem legal e de regulamentação;
- considerar os controles administrativos;
- identificar os critérios que serão necessários para avaliar assuntos sujeitos a auditoria;
- identificar recomendações e achados significativos, detectados em auditorias anteriores, que possam afetar os objetivos da auditoria atual. Os auditores devem determinar se a administração corrigiu as condições que originaram tais achados e se ela implementou tais recomendações;
- identificar fontes potenciais de informação que possam servir como evidência de auditoria e considerar sua validade e confiabilidade, incluindo informação coletada pela entidade auditada, gerada pelos auditores ou fornecida por terceiros;
- averiguar se o trabalho de outros auditores e peritos pode ser útil para satisfazer alguns dos objetivos dos auditores;
- proporcionar pessoal e outros recursos suficientes para efetuar a auditoria;
- preparar um plano escrito de auditoria.

Os auditores devem considerar os aspectos relevantes ao planejar, executar e apresentar relatórios sobre auditoria operacional. Devem obter uma

68 INTRODUÇÃO À AUDITORIA OPERACIONAL

compreensão do programa a ser auditado para que possam avaliar, entre outros aspectos, a importância de possíveis objetivos de auditoria e a possibilidade de alcançá-los. Tal compreensão pode ser obtida por meio do conhecimento que já tenham do programa e também de: leis e regulamentos; objetivos e metas; esforços (quantidade de recursos, em termos de dinheiro, material, pessoal e outros, empregados num programa); operações do programa; elementos de saída (quantidade de bens e serviços proporcionados); e resultados (realizações ou conclusões decorrentes dos serviços prestados).

Supervisão

A equipe de auditoria deve ser adequadamente supervisionada. A supervisão implica dirigir os esforços dos auditores e outros[39] envolvidos na auditoria para determinar se os objetivos dela estão sendo alcançados.

Observância das leis e regulamentos

Quando as leis, regulamentos e outros requisitos a serem observados são importantes para alcançar os objetivos, os auditores devem planejar a auditoria para proporcionar uma segurança razoável de que serão cumpridos. Em todas as auditorias operacionais, os auditores devem estar atentos a situações ou transações que possam ser indício de atos ilícitos ou abusivos.

Controles administrativos

Os auditores devem ter noção dos controles administrativos relevantes para a auditoria. Quando os controles administrativos são significativos para os objetivos da auditoria, eles devem obter evidência suficiente que respalde suas opiniões acerca desses controles.

Evidência

Deve haver evidências suficientes, conclusivas e relevantes para fundamentar razoavelmente as opiniões e conclusões que os auditores formulem. Deve-se manter um registro do trabalho por eles efetuado, em forma de papéis de tra-

---

[39] Entre outros envolvidos na realização dos objetivos da auditoria estão os consultores e especialistas externos.

NORMAS DE AUDITORIA OPERACIONAL 69

balho. Esses devem conter informações suficientes para permitir que um auditor, sem conhecimento prévio da auditoria, obtenha evidências que corroborem suas conclusões e julgamentos.

Documentação de auditoria

Os auditores devem elaborar e manter em boa ordem a documentação da auditoria ou, simplesmente, papéis de trabalho. A documentação relativa ao planejamento, execução e relatório de auditoria deve conter suficiente informação para que auditor experiente, que não tenha tido relação prévia com a auditoria, reconheça a evidência que respalda as opiniões significativas e conclusões dos auditores.

Normas para a apresentação de relatórios

Forma

Os auditores devem preparar relatórios por escrito para comunicar os resultados de cada auditoria.

Oportunidade

Os relatórios devem ser preparados o mais rápido possível para que sua informação possa ser utilizada oportunamente pelos funcionários da administração e do Poder Legislativo, assim como por outros interessados.

Conteúdo do relatório

Os auditores devem incluir em seus relatórios os objetivos da auditoria, seu escopo e sua metodologia.

Apresentação do relatório

Cumpre expor com clareza, no relatório, os achados significativos da auditoria e, se necessário, as conclusões dos auditores. Esses devem:

- incluir recomendações a respeito das medidas consideradas apropriadas para corrigir áreas problemáticas e melhorar as operações;
- declarar que a auditoria foi realizada de acordo com as normas de auditoria governamental geralmente aceitas;

70 INTRODUÇÃO À AUDITORIA OPERACIONAL

- mencionar todos os casos significativos de inobservância e abuso encontrados durante a auditoria ou que com ela tenham relação;
- em alguns casos, informar sobre atos ilícitos diretamente aos interessados externos à entidade;
- indicar o escopo de seu trabalho nos controles administrativos e qualquer deficiência significativa encontrada durante a auditoria;
- mencionar as opiniões pertinentes que os funcionários responsáveis pelo programa auditado manifestaram em relação aos achados, conclusões e recomendações dos auditores, assim como as respectivas medidas corretivas pretendidas;
- citar os resultados importantes da administração, especialmente quando as medidas adotadas para melhorar uma área podem ser aplicadas em outras;
- relacionar todos os assuntos importantes que requeiram maior estudo e consideração para efeito do planejamento de futuros trabalhos de auditoria;
- indicar, se certa informação não puder ser revelada, a natureza da informação omitida e as razões para isso.

O relatório deve ser oportuno, completo, exato, objetivo e convincente, bem como suficientemente claro e conciso na medida em que os assuntos tratados o permitam.

Distribuição do relatório

A organização de auditoria deve submeter relatório por escrito aos funcionários apropriados da organização auditada, dos organismos que tenham solicitado ou contratado a auditoria e, inclusive, dos organismos externos que forneceram recursos, a menos que restrições legais o impeçam. Ademais, devem-se enviar cópias do relatório a outros funcionários que detenham autoridade de supervisão legal ou que possam tomar decisões a respeito dos achados e recomendações de auditoria, bem como às demais pessoas autorizadas a receber esses relatórios. A menos que existam restrições legais ou regulamentares, cópias do relatório deverão ser colocadas à disposição do público, para sua apreciação.

Não obstante essas normas promulgadas pelo GAO, entendemos que urge publicar as Normas Brasileiras de Auditoria Operacional, tanto para a área privada quanto para a área pública.

Normas de Auditoria Operacional

Como ainda não foram aprovadas as normas brasileiras de auditoria governamental, os organismos que realizam auditorias externas e internas no setor público pátrio podem observar também as Diretrizes para Aplicação de Normas de Auditoria Operacional da Intosai, apresentadas em julho de 2004, que são o resultado dos esforços conjuntos dos membros do Comitê de Normas de Auditoria dessa importante instituição de auditoria, integrado pelas entidades fiscalizadoras superiores (EFS) de vários países, inclusive o Brasil.

Em resumo, as diretrizes da Intosai para a aplicação de normas de auditoria operacional objetivam:

- descrever as características e os princípios da auditoria operacional;
- ajudar os auditores operacionais das EFS na supervisão e realização das auditorias operacionais, de modo eficiente e efetivo;
- servir de base para as boas práticas de auditorias operacionais;
- estabelecer um marco para o desenvolvimento futuro da metodologia e o desenvolvimento profissional da auditoria operacional.

Na aplicação das diretrizes, os auditores e as EFS devem estar atentos aos seguintes atributos:

- normas de auditoria da Intosai, que representam o marco referencial de valores e princípios básicos que devem nortear as atividades desenvolvidas pelos auditores, englobando critérios desde a fase de planejamento até a do relatório;
- princípios de auditoria geralmente aceitos, que são aqueles universalmente reconhecidos;
- ambigüidades e diversidades enfrentadas em cada projeto de auditoria a ser desenvolvido, pois uma auditoria operacional necessariamente nunca será igual à outra;
- variações na competência e na estrutura das EFS e no alcance das auditorias realizadas.

Também não podem olvidar, os auditores e as EFS, que as diretrizes não estabelecem normas e procedimentos detalhados como se fossem um "livro de receitas", mas, apenas orientam no sentido de que cada EFS desenvolva seus próprios critérios para a realização de auditorias operacionais e que o detalhamento sobre a execução seja definido caso a caso.

A Intosai também enfatiza os princípios de auditoria governamental que são aplicáveis às auditorias operacionais, a saber:

- a competência para a sua realização deve ser prevista em lei;
- deve poder abranger a totalidade do orçamento;
- o auditor deve possuir a liberdade na escolha das áreas auditadas;
- as decisões e objetivos das políticas estabelecidos pelo Poder Legislativo são critérios de auditoria — podem ser avaliados se constatadas inconsistências na sua formulação;
- os auditores devem possuir competência profissional específica — atuar com honradez, imparcialidade, objetividade e zelo, ter experiência em trabalhos de investigação/avaliação, capacidade analítica, criatividade, receptividade, paciência e adequada comunicação oral e escrita;
- devem ser assegurados o controle de qualidade e a supervisão adequada;
- os auditores devem informar à administração sobre as características da auditoria operacional;
- na realização de uma auditoria operacional deve ser dispensado cuidado especial ao uso de especialistas, principalmente no que se refere à necessidade, independência, capacidade e responsabilidade sobre as conclusões.

O planejamento constitui estágio fundamental para a consecução dos objetivos de uma auditoria operacional. De acordo com as diretrizes:

- o planejamento estratégico pode ser realizado anualmente e deve contemplar a seleção de temas e questões de auditoria;
- na análise preliminar ocorre a definição do tema específico, do objetivo, do escopo e do projeto da auditoria (metodologia, equipe, recursos e cronograma), sistema de garantia de qualidade;
- a análise principal envolve a execução do trabalho de investigação/avaliação, implementação do plano de trabalho elaborado na análise preliminar e elaboração do relatório;
- na fase de acompanhamento são monitoradas as recomendações.

Como se pôde observar, a Intosai inclui na fase da análise principal os estágios de execução e relatório da auditoria operacional, estando os principais procedimentos descritos a seguir.

Normas de Auditoria Operacional

a) Estágio da execução:
- revisar e modificar o planejamento de forma continuada;
- apresentar o projeto de auditoria à entidade auditada;
- manter diálogo ativo e construtivo com auditados e *stakeholders* (atores interessados);
- manter sistemática de controle de qualidade — coleta de dados, papéis de trabalho e análise da documentação;
- buscar informação de diferentes fontes;
- oferecer evidências suficientes, consistentes e relevantes;
- identificar as causas e efeitos dos achados;
- recomendar de forma a solucionar as causas observadas na origem dos problemas;
- conceder ao auditado a oportunidade de conhecer e opinar sobre o conteúdo do relatório antes da sua divulgação.

b) Estágio do relatório:
- explicitar o objetivo e o escopo da auditoria;
- redigir de forma progressiva, confiável, completa, exata, objetiva, convincente e clara;
- estabelecer recomendações lógicas e claras;
- apresentar os resultados de forma neutra — pontos de vista e perspectivas diferentes; e construtivas — que contribuam para as melhorias necessárias;
- realizar publicações específicas e com ampla distribuição;
- proceder ao monitoramento das recomendações.

CAPÍTULO 7

Processo de auditoria operacional

Como vimos no capítulo 4, a auditoria operacional compreende uma série de procedimentos aplicados de forma independente com o objetivo de avaliar os aspectos operacionais (economicidade, eficiência e eficácia) de uma administração, ou seja, se as operações estão gerando aumento da receita e diminuição de custos, reduzindo práticas ineficientes e desperdícios, e, se for o caso, sugerir recomendações para melhorar o desempenho. Todavia, não podemos olvidar que a responsabilidade primária pela implementação de ações capazes de assegurar a performance operacional é da administração. A responsabilidade do auditor operacional é avaliar se o administrador está conduzindo sua responsabilidade de forma adequada.

Para alcançar seus objetivos, a auditoria operacional é desenvolvida, basicamente, em quatro estágios, a saber: planejamento, execução, relatório e acompanhamento.[40]

---

[40] Nesse estágio, realizado no decorrer da auditoria subseqüente, os auditores devem efetuar uma avaliação das recomendações e dos achados mais significativos identificados em auditorias anteriores e que possam influenciar a auditoria atual. Cumpre também verificar nessa etapa se a administração adotou oportunamente as medidas e as ações corretivas adequadas.

A figura 8 mostra os estágios de uma auditoria operacional:

Figura 8

Planejamento

O planejamento de auditoria é a fase inicial do processo auditorial. Nela o auditor obtém a compreensão geral do trabalho a ser feito, ou seja, definem-se as finalidades da ação a ser realizada e identificam-se as questões que deverão ser respondidas. Consoante recomenda a prática auditorial, o auditor responsável pela execução dos trabalhos deve planejar seus exames de modo a atender aos objetivos da auditoria de forma eficiente e eficaz.

O planejamento de auditoria deve considerar os fatores mais relevantes na execução dos trabalhos, especialmente os seguintes:

- o conhecimento detalhado dos processos operacionais utilizados;
- o conhecimento detalhado do sistema de controles internos e seu grau de confiabilidade;
- os riscos de auditoria e a identificação das áreas importantes, quer pelo volume de transações, quer pela complexidade de suas operações;

PROCESSO DE AUDITORIA OPERACIONAL 77

- a natureza, oportunidade e extensão dos procedimentos de auditoria a serem aplicados;
- as questões relacionadas com a economia de recursos, aumento da eficiência etc.;
- o cumprimento das metas e objetivos traçados pela administração para a atividade a ser auditada;
- a existência de indicadores de desempenho estabelecidos pela administração ou de outros dados que possam servir às exigências da auditoria;
- o uso dos trabalhos de outros auditores e de especialistas;
- a natureza, conteúdo e oportunidade dos relatórios a serem apresentados;
- a necessidade de atender aos prazos estabelecidos por entidades fiscalizadoras e para prestar informações aos demais usuários externos, como, por exemplo, os agentes financiadores de programas governamentais.

Enquanto na auditoria contábil o auditor escolhe as áreas que serão auditadas sem se preocupar, na maioria das vezes, em ouvir a opinião da gerência, na auditoria operacional, na fase do planejamento, o auditor, sempre que possível juntamente com a gerência, definirá quais as áreas que serão submetidas à auditoria.

A fase do planejamento, que representa cerca de 40% em média do tempo despendido numa auditoria operacional, divide-se em dois estágios: análise geral e análise específica.

Análise geral

A análise geral é o estágio do planejamento no qual o auditor procura conhecer e compreender o auditado. O objetivo fundamental é obter e avaliar as principais informações sobre um programa, projeto ou ente examinados, para fornecer subsídios à elaboração do plano de auditoria e permitir uma adequada realização dos exames.

É a correta execução da análise geral que irá garantir a eficácia da fase de planejamento. Normalmente as informações e registros que o auditor operacional deve obter são os seguintes:

- leis e regulamentos aplicáveis ao ente ou atividade auditados;
- informações organizacionais;

78 Introdução à Auditoria Operacional

- informações financeiras;
- manual ou rotinas dos métodos ou procedimentos aplicáveis;
- relatórios gerenciais;
- informações de outros auditores;
- relatórios sobre áreas problemáticas;
- situação mercadológica e conjuntural.

Tais informações e registros normalmente são obtidos através de observações e de exames de documentos e relatórios gerenciais, a serem complementados por entrevistas com funcionários importantes das principais áreas. Sua análise deve levar em consideração objetivos, metas, finalidades, principais antecedentes históricos, atividades, planos, recursos disponíveis, procedimentos e controles administrativos do programa, projeto ou entidade auditados.

O propósito dessa etapa é obter, de forma rápida e objetiva, uma informação geral de todos os aspectos importantes do ente ou atividade auditados.

Para facilitar as consultas durante a realização dos exames, as informações obtidas devem ser cuidadosamente compiladas no plano de auditoria, cadastradas e arquivadas, pois servirão de base para a realização das fases futuras da auditoria, bem como proporcionarão subsídios para a realização de novos trabalhos.

Diz o *Manual de auditoria governamental* da Olacefs:

> Um ponto importante para alcançar um efetivo estudo preliminar é realizá-lo rapidamente. O objetivo é acumular informações úteis em curto espaço de tempo, com base nas quais se podem identificar as áreas apropriadas para exame e se fazerem planos para revisar e avaliar o controle interno sobre ditas atividades. Um trabalho preliminar não deve ser um processo longo e cansativo, caracterizado por uma exaustiva leitura de manuais e outros materiais. Deve ser um processo relativamente rápido de recompilação de informações, cujo resultado será utilizado em contínuos planos e decisões de auditoria.

Não é necessária a realização de uma análise geral a cada auditoria. Admite-se, geralmente, que os trabalhos desenvolvidos nessa análise somente sejam elaborados de forma ampla uma vez a cada três ou quatro anos. Contudo, nos

PROCESSO DE AUDITORIA OPERACIONAL 79

intervalos entre as auditorias, as informações cadastradas devem ser devidamente acompanhadas, examinadas, avaliadas e atualizadas.

É importante frisar que somente devem ser arquivadas as informações essenciais e os assuntos importantes que afetem ou possam vir a afetar um programa, projeto ou entidade auditados, de modo a manter atualizados os dados relativos à auditoria e fornecer os subsídios necessários para os auditores realizarem suas atividades.

Como já vimos, para permitir o completo conhecimento do ente auditado, devem ser obtidos, entre outros, documentos e informações relativos a: legislação básica (lei de criação, estatutos), regimento interno, organogramas, orçamento, plano de contas, relatórios gerenciais, planos e propostas políticas, sistemas e pessoas-chave, normas e procedimentos, descrição das atividades (recursos humanos, financeiros e tecnológicos, principais transações e compromissos), bem como relatórios de outros auditores, notícias sobre a entidade (matérias jornalísticas) etc.

Nessa fase, o auditor procura identificar as áreas que serão examinadas procurando identificar as questões de auditoria que serão respondidas e os critérios de auditoria que serão utilizados.

Na etapa de análise geral, devem ser obtidas, segundo a Olacefs, as seguintes informações:

- legislação aplicável às atividades examinadas — nesse estágio, deve-se realizar um breve estudo da legislação aplicável à entidade ou à atividade auditada, para obter uma compreensão de seus principais aspectos e perceber o impacto dessa legislação no exame a ser realizado. Outro ponto a ser observado é a identificação de possíveis critérios de auditoria;

- breve histórico, antecedentes e objetivos da entidade ou atividade sob exame — somente a compreensão de informações dessa natureza permitirá ao auditor alcançar a eficácia na realização de seus exames;

- dados sobre a entidade, com ênfase nas atividades principais e naquelas que serão matéria da auditoria — esses dados deverão incluir: distribuição de obrigações e responsabilidades; principais delegações de autoridade; natureza, tamanho e localização das dependências; número de empregados por unidade etc. Uma análise do organograma e das descrições das funções também deve ser realizada nesse momento;

80   Introdução à Auditoria Operacional

- origens e principais aplicações dos recursos da entidade ou atividade sob exame;
- outras informações financeiras julgadas necessárias, tais como demonstrações financeiras dos últimos anos, orçamentos aprovados nos últimos anos, operações de crédito realizadas etc.;
- política geral adotada pela entidade ou atividade para alcançar seus resultados — nessa etapa, o auditor irá procurar identificar quais os mecanismos adotados pela entidade para alcançar os resultados pretendidos e para medi-los. Essa análise é de fundamental importância para a realização dos trabalhos de auditoria de eficácia;
- descrição geral dos métodos de operação — auditor também deve obter informações gerais sobre as operações e procedimentos adotados pela entidade ou atividade auditada;
- descrição de qualquer problema relacionado com as atividades a serem examinadas;
- resultados alcançados por outros auditores;
- o planejamento a curto, médio e longo prazos elaborado pela entidade.

O estágio da análise geral pode ser resumido nas seguintes etapas:

- compreensão e conhecimento da entidade ou atividade auditada;
- acompanhamento das recomendações das auditorias anteriores;
- identificação das relações de responsabilidade, sistemas e controles;
- identificação das linhas gerais de investigação, isto é, as áreas que deverão ser examinadas ou as questões de auditoria que deverão ser respondidas;
- identificação dos critérios de auditoria, os quais servirão de parâmetros para a realização dos trabalhos do auditor, definindo qual a situação ideal;
- identificação dos indicadores de economicidade, eficiência e eficácia.

Análise específica

Esse estágio representa o elo fundamental de ligação entre a fase do planejamento e a execução.

Após a identificação das linhas gerais de investigação ou das questões fundamentais e dos critérios de auditoria, a fim de avaliar as principais atividades e os sistemas e controles aplicados, os auditores devem proceder, no estágio da

Processo de Auditoria Operacional

81

análise específica, à avaliação dos pontos de potencial importância identificados, de modo a se certificarem de sua adequação.

Essa análise visa a ampliar os trabalhos de avaliação realizados no estágio inicial do planejamento e a estabelecer se será ou não necessário examinar os assuntos de potencial importância e se estes serão abordados com profundidade na fase de execução.

Os trabalhos da análise específica envolvem a avaliação dos sistemas de controle interno, o exame dos registros e dos documentos, inspeções, acompanhamento de transações e entrevistas com funcionários-chave do ente auditado. Nessa fase, caso os auditores julguem necessário, pode-se recorrer a peritos, metodólogos e especialistas. O prazo para a realização dessa análise varia de acordo com a extensão e a complexidade das linhas gerais de investigação.

Ao final desse estágio, os auditores devem elaborar um documento apresentando os resultados obtidos e concluindo se cabe ou não fazer um exame mais profundo. Na hipótese de ser necessária a realização de exames mais detalhados, os auditores elaboram o plano de auditoria, o qual, após devidamente aprovado, dará suporte à elaboração dos programas de auditoria específicos.

Assim, pode-se dizer que a análise específica se divide em dois estágios básicos:

❑ revisão e avaliação dos controles internos;

❑ elaboração do plano de auditoria.

Revisão e avaliação dos controles internos

A revisão dos controles internos consiste no exame detalhado dos sistemas de controle interno mantidos pelo ente auditado, objetivando determinar se existem controles adequados e se estes funcionam da maneira prevista pela administração.

Essa revisão deve ser feita para cada área ou componente administrativo e operacional selecionado do ente ou atividade auditado e deve estar respaldada nos resultados da avaliação do grau de risco ou de vulnerabilidade envolvido no processo. O grau de vulnerabilidade ou de risco indica o quanto um determinado sistema é vulnerável (área de risco) à ocorrência de práticas abusivas, ineficientes, ineficazes, antieconômicas, ilegais etc.

Ao revisar o sistema de controle interno de uma organização, o auditor deverá avaliar a sua eficiência, de modo a estabelecer o grau de confiança que será depositado nesse sistema, objetivando definir o volume de testes que serão realizados para fundamentar seus comentários.

Apresentamos a seguir, sem pretender limitar o processo, os principais passos para se realizar uma avaliação de sistema de controle interno:

❑ *identificação das principais áreas operacionais* — uma área operacional representa uma seção da entidade que executa um ciclo de transações, aqui entendido como os processos utilizados para iniciar e executar atividades que se complementam entre si. Por exemplo, o ciclo de transações de pessoal; o ciclo de compras, contas a pagar e pagamentos; o de custos; o de faturamento etc.;

❑ *análise do ambiente geral de controle* — na hipótese de não ter sido realizada na fase da análise geral, deve-se proceder, nesse estágio do processo auditorial, à avaliação do ambiente geral de controle. Tal avaliação se justifica pelo fato de o ambiente no qual o ente auditado opera influenciar de forma significativa a eficácia dos controles internos. Nessa avaliação devem ser considerados, entre outros, os seguintes aspectos: atitude da direção; estrutura e equilíbrio organizacionais; pessoal envolvido; delegação de autoridade e responsabilidade; e práticas orçamentárias e de informação;

❑ *documentação do ciclo de transações* — uma vez identificadas as áreas, estas devem ter seu ciclo de transações devidamente documentado através de memorandos, questionários padronizados ou fluxogramas, ou combinando as formas.

O *memorando* representa uma descrição detalhada do funcionamento de um ciclo de transações, enfatizando seus pontos fortes e fracos de controle. Deve conter o maior volume de informações possível. Contudo, não pode dificultar um entendimento rápido e global do ciclo.

O *questionário padronizado* é um *check-list* contendo uma série de indagações sobre o funcionamento de um ciclo de transações. Embora seja a forma mais prática de se proceder ao levantamento do sistema de controle interno, seu uso tem sido bastante criticado por limitar significativamente a autonomia do auditor. É oportuno lembrar que na fase de planejamento da auditoria operacional a utilização de questionários é quase sempre limitada.

O *fluxograma* é um diagrama representando um fluxo de procedimentos, documentos e informações. Essa técnica permite demonstrar graficamente o funcionamento de um ciclo de transações, facilitando bastante a visualização de todo o processo.

PROCESSO DE AUDITORIA OPERACIONAL   83

A finalidade da etapa de documentar o ciclo de transações é obter uma completa compreensão desse ciclo. Nesse processo, os seguintes passos devem ser considerados:

- entrevistar o pessoal envolvido no ciclo;
- observar o exercício da atividade;
- preparar uma explicação narrativa (memorando) ou um fluxograma, ou responder a um questionário padronizado;
- revisar a documentação obtida com as pessoas que facilitaram o acesso à informação.

Para revisar a documentação de cada ciclo de transação e determinar se o sistema é adequado para atingir os objetivos de controle interno, o auditor deve adotar as seguintes diretrizes:

- definir os "objetivos de controle", aqui entendidos como a aplicação de uma norma básica de controle interno a um ciclo específico de transações, de modo a estabelecer um meio de salvaguardar os bens contra um determinado risco;
- examinar a documentação dos mecanismos de controle para averiguar se existem documentos e processos suficientes para atingir os objetivos de controle;
- identificar a existência de controles excessivos ou insuficientes, bem como a ocorrência de situações antieconômicas.

Assim, uma avaliação de controle interno pode identificar diversos pontos fortes em um fluxo de transações na área de estoque, como, por exemplo, realização de tomada de preços para aquisições; utilização de requisições de materiais para produção e consumo; determinação do ponto mínimo de estoque; adoção de inventário permanente; contagens rotativas ou periódicas de estoques etc.

A finalidade desse passo é determinar se os mencionados controles estão funcionando tal como foram concebidos, considerando as tarefas e procedimentos a seguir:

- selecionar uma amostragem de transações;
- revisar a documentação de tais transações;
- efetuar outras observações e averiguações julgadas necessárias;
- assegurar-se de que foram executados os procedimentos especificados;

84 INTRODUÇÃO À AUDITORIA OPERACIONAL

❑ acompanhar as etapas cumpridas pelas transações selecionadas por amostragem durante o processo: é o que se denomina *walkthrough*.

Em resumo, o processo de avaliação de controles internos deve identificar:

a) a adequação dos controles internos;

b) a necessidade de ajustes em alguns controles;

c) a necessidade de novos controles;

d) a existência de controles desnecessários que possam ser eliminados;

e) a duplicação de esforços;

f) o uso indevido de recursos;

g) a ocorrência de práticas ineficientes;

h) a utilização ineficaz ou antieconômica de recursos;

i) o atraso na apresentação de informes;

j) a falta de qualidade e objetividade das normas.

Ao cabo da revisão dos controles internos, o auditor, se julgá-lo oportuno, poderá elaborar um relatório gerencial prévio, contendo as seguintes informações: deficiências do ambiente geral de controle; áreas onde não existem controles; principais desvios identificados e áreas onde os controles não estão funcionando como previsto ou são inadequados; áreas onde os controles parecem excessivos e, portanto, estariam sendo antieconômicos e ineficientes; como estão sendo cumpridas as instruções e determinações gerenciais; recomendações sobre procedimentos que poderão ser adotados para corrigir ou melhorar a situação encontrada; e considerações sobre os custos e benefícios decorrentes das mudanças.

Plano de auditoria

O planejamento de auditoria refere-se às tarefas que serão executadas para determinar o alcance ou escopo dos trabalhos, as áreas de risco, o tempo necessário para a execução, os objetivos, os critérios, a metodologia a ser aplicada e os recursos financeiros e materiais necessários, além do pessoal a ser utilizado para garantir que a auditoria dê conta das atividades, incluindo a participação de especialistas, os processos, os sistemas e os controles mais importantes.

PROCESSO DE AUDITORIA OPERACIONAL

85

Ao cabo da fase de planejamento, deverá ser elaborado um documento, denominado plano de auditoria, contendo elementos fundamentais a seguir, classificados em dados gerais do auditado e detalhamento da auditoria.

a) *Dados do auditado* — nesse tópico, devem ser apresentadas de forma sumária as informações mais relevantes acerca da entidade ou atividade sob auditoria, na forma a seguir demonstrada:

- objetivos — descrição sucinta dos objetivos, com a finalidade de auxiliar o conhecimento das operações do auditado;

- histórico — descrição da evolução histórica do auditado; sua origem, seu desenvolvimento, suas particularidades etc.;

- estrutura organizacional — detalhes acerca dos principais elementos e de como funciona a estrutura organizacional, os quais são de fundamental importância para uma adequada compreensão do ente auditado;

- os principais responsáveis — descrição dos cargos e das pessoas-chave que são responsáveis pela condução dos negócios do auditado;

- endereço das instalações (telefones, home page, e-mail, fax etc.) — de modo a permitir uma rápida identificação da localização do auditado, bem como agilizar e facilitar a comunicação; o endereço das instalações deve constar no plano de auditoria com nível de detalhamento satisfatório;

- porte do negócio — dados sobre principais atividades, volume de recursos, faturamento, principais gastos, número de empregados etc.;

- indicadores financeiros — para facilitar a aplicação dos procedimentos de revisão analítica, cumpre fazer uma adequada descrição dos indicadores financeiros;

- práticas contábeis adotadas (Lei nº 4.320/64 ou Lei nº 6.404/76) e legislação específica: descrição das principais práticas contábeis adotadas, dando ênfase aos procedimentos específicos. Também devem ser apresentados detalhes da legislação a que está sujeito o ente auditado;

- orçamento — sumário do orçamento, enfocando os programas a serem desenvolvidos ou em desenvolvimento. Descrição dos sistemas de acompanhamento e de avaliação;

- exercício financeiro: descrição do exercício financeiro da entidade, o qual normalmente corresponde ao ano civil;

86   Introdução à Auditoria Operacional

- áreas-chave da organização — relação das áreas principais, considerando a relevância em relação à auditoria, assim como o risco envolvido, ou seja, detalhamento das possíveis áreas de risco;

- detalhamento dos programas executados — descrição dos objetivos, metas, indicadores, plano de trabalho, prazo de execução, recursos envolvidos etc.

b) *Detalhamento da auditoria* — nesse item deve ser descrito com detalhes o trabalho a ser realizado, incluindo, entre outros pontos:

- objetivo da auditoria — descrição dos objetivos da auditoria e das questões que serão respondidas, ou seja, por que motivo se fará a auditoria; assim ficará delimitado o tipo da auditoria a ser realizado;

- período de realização dos exames — data provável da realização dos trabalhos, a ser definida após discussão com o ente auditado;

- tipos de relatórios exigidos — definição dos tipos de relatório de auditoria a serem apresentados ao cabo dos trabalhos;

- prazos dos relatórios — quando deverão ser apresentados os relatórios, ou seja, o *dead-line;*

- destinação dos relatórios — determinar a quem se destina o relatório;

- o escopo ou alcance do exame — estabelecer qual o limite dos trabalhos de auditoria, ou seja, até que ponto os trabalhos alcançarão;

- principais pontos de auditorias anteriores — resumo dos principais pontos identificados em trabalhos já realizados;

- resultado do trabalho de outros auditores — caso tenham sido realizados trabalhos de auditoria por outros profissionais, o resultado alcançado deverá ser considerado e descrito nesse tópico;

- resultado do trabalho da auditoria interna — caso tenham sido realizados trabalhos pela auditoria interna, o resultado alcançado deverá ser considerado e mencionado nesse tópico;

- comentários emitidos em anos anteriores — descrição sumária dos comentários apresentados nos trabalhos anteriores;

- análise de eventuais problemas pré-identificados — problemas identificados durante a fase de planejamento ou mesmo indícios de fatos significativos deverão ser aqui descritos;

PROCESSO DE AUDITORIA OPERACIONAL

87

❏ resultado da revisão dos controles internos — os resultados da avaliação dos controles internos deverão ser claramente demonstrados;

❏ definição dos principais procedimentos a utilizar — descrição dos principais procedimentos de auditoria que poderão ser utilizados, tais como exame documental, exame de escrituração, conferência de cálculos, inspeções físicas, entrevistas, circularizações etc.;

❏ pessoal técnico envolvido — relação da equipe técnica envolvida, a qual deverá incluir os dirigentes máximos, gerentes, supervisores, encarregados e demais envolvidos, com as respectivas formações, tais como contador, economista, administrador, advogado, engenheiro etc.;

❏ concurso de especialistas — se for cabível o concurso de especialistas, sua participação deverá ser prevista, e os custos daí decorrentes estimados;

❏ estimativa de horas — quantidade de horas a serem empregadas nos trabalhos, devidamente acompanhada de um cronograma;

❏ material necessário — descrição dos recursos materiais a serem utilizados;

❏ estimativa de custos — planejamento de custos do trabalho, como salários, encargos, diárias, materiais etc.;

❏ revisão e aprovação — o plano de auditoria deve ser adequadamente revisado e aprovado pelos auditores mais experientes.

Por fim, vale mencionar que o plano de auditoria não é um documento estático, devendo ser atualizado sempre que as circunstâncias o determinem.

Execução

Com base nos resultados da avaliação do sistema de controle interno, o auditor identifica as áreas operacionais a serem examinadas e as questões a serem respondidas, define a extensão dos exames e os procedimentos de auditoria a serem empregados, e elabora os programas específicos para a execução da auditoria.

A execução é a fase de aplicação dos procedimentos de auditoria, objetivando a obtenção de provas ou evidências que deverão constar no relatório de auditoria. É nesse estágio que o auditor realiza fundamentalmente seus exames.

Procedimentos de auditoria

Os procedimentos de auditoria operacional são os mecanismos utilizados pelo auditor para obter evidências ou provas de auditoria. Representam o conjunto de técnicas ou métodos que permite ao auditor obter elementos probatórios de forma suficiente e adequada para fundamentar seus comentários, quando da elaboração de seu relatório.

Os procedimentos de auditoria não são rígidos, podendo variar de auditoria para auditoria, de modo a se ajustarem às circunstâncias específicas de cada caso em exame.

A aplicação dos procedimentos de auditoria deve ser realizada através de exames, provas seletivas, testes e amostragens, devido à complexidade e ao volume das operações de cada entidade auditada, cabendo ao profissional da auditoria, com base na análise de riscos envolvidos e outros elementos de que disponha, determinar a amplitude ou o escopo dos exames necessários à obtenção dos elementos probatórios que sejam válidos para o todo auditado.

Os principais procedimentos de auditoria são:

- *exame dos registros* — análise da adequação dos registros contábeis e auxiliares paralelos;

- *exame documental* — é a análise da adequação dos documentos comprobatórios dos fatos auditados. Ao realizar o exame dos documentos originais, o auditor deve atentar para a autenticidade, normalidade, aprovação e registro;

- *conferência de cálculos* — revisão dos principais (relevantes) cálculos realizados pela entidade auditada, de modo a verificar sua exatidão; entre as conferências de cálculos fundamentais está a conferência de soma;

- *entrevistas* — questões dirigidas de forma técnica aos auditados de modo a detalhar e esclarecer procedimentos;

- *inspeção física* — exame da existência dos bens e títulos a receber, assim como dos documentos comprobatórios dos registros. Este procedimento deve ser aplicado de forma cuidadosa pelo auditor, que deve estar atento aos detalhes;

- *circularização* — é a confirmação de saldos e informações mantidos com terceiros. Solicitada pelo auditor, é elaborada pela entidade auditada. Todavia, é o auditor que deverá receber diretamente as respostas. A circularização im-

PROCESSO DE AUDITORIA OPERACIONAL

plica a obtenção de declaração formal e isenta de pessoas independentes com relação ao ente auditado. Os procedimentos a seguir estão relacionados com os exames de confirmação: seleção criteriosa dos itens a serem examinados; controle dos pedidos de confirmação, para serem despachados aos destinatários; sistemática alternativa de verificação para as respostas de confirmações não recebidas; as respostas ao pedido de confirmação devem ser endereçadas ao auditor, e algumas confirmações devem ser obtidas pessoalmente, nos casos julgados apropriados pelo auditor;

- ❏ *observação* — é a análise dos fatos durante a sua ocorrência;
- ❏ *correlação* — é a relação entre um fato examinado numa determinada área e seus impactos em outras.

Os objetivos e procedimentos para uma auditoria operacional dependem da natureza e finalidade do trabalho a ser executado, o que dificulta em muito a elaboração de um elenco padronizado. Isso porque a auditoria operacional não repousa sobre normas explícitas, como ocorre com a auditoria contábil, o que é perfeitamente aceitável, pois o campo de atuação da auditoria operacional — universo da gestão — não é exato, e o auditor incumbido dessa tarefa deve apreciar, caso a caso, os diferentes domínios da administração.

Além dos procedimentos descritos para a realização de uma auditoria operacional, muitas vezes torna-se necessária a utilização de outras ferramentas que, no juízo do auditor, poderão contribuir para a emissão de comentários objetivos e independentes, tais como estudo de caso, delineamentos experimentais, análise de riscos, entre outros, muitos dos quais bem semelhantes aos utilizados no campo da pesquisa social,[41] cujo detalhamento foge ao caráter introdutório deste livro.

Não obstante o exposto, devido às suas especificidades, o principal procedimento de auditoria adotado na coleta de dados da auditoria operacional é a entrevista, podendo-se utilizar também questionários e formulários.

A seguir, comentamos cada um deles.

---

[41] Para um aprofundamento desse tema, recomendamos a leitura do *Manual de auditoria operacional* do Tribunal de Contas da União (TCU), disponível em: <www.tcu.gov.br>.

90 INTRODUÇÃO À AUDITORIA OPERACIONAL

Entrevista[42]

Conceito

A entrevista é o método de investigação auditorial em que, por meio do diálogo assimétrico entre auditor e auditado, se obtêm dados para a auditoria, constituindo-se em um tipo de interação. É uma técnica para a coleta de dados a que o auditor recorre para conseguir opiniões, fatos ou testemunhos sobre determinado assunto, a fim de utilizá-los na investigação, no diagnóstico ou na compreensão de um problema auditorial, objetivando identificar sua origem, sua razão de ser e suas conseqüências.

Para o *Shorter Oxford Dictionary,* entrevista é o "encontro de pessoas face a face, especialmente com a finalidade de consultarem-se oficialmente sobre algum assunto".[43]

Já para Goode e Ratt, a entrevista "consiste no desenvolvimento de precisão, focalização, fidedignidade e validade de certo ato social comum à conversação".[44]

Em suma, a entrevista é um método de investigação direto, pessoal, no qual os registros dos dados são feitos pelo auditor. É uma situação de estímulo-reação, ou seja, pergunta-resposta.

A adoção desse procedimento somente é factível para a obtenção de informações de arquivos vivos, complementando ou suprindo fatos que não podem ser obtidos em fontes documentais.

Selltiz afirma que a entrevista permite facilmente a obtenção de dados acerca "do que as pessoas sabem, crêem, esperam, sentem ou desejam, pretendem fazer, fazem ou fizeram, bem como acerca das suas explicações ou razões a respeito das coisas precedentes".[45]

Segundo Mann, na investigação sociológica — e a auditoria não deixa de ser uma —, a entrevista é um instrumento para obter dados relevantes para "testar-se uma hipótese oriunda da teoria".[46]

---

[42] Este tópico, assim como os dois seguintes, foi escrito em parceria com os auditores governamentais Pedro Humberto T. Barretto e Jorge Luiz Santos da Costa.

[43] Apud Mann, 1970:99.

[44] Goode e Hatt, 1969:237.

[45] Apud Gil, 1995:113.

[46] Mann, 1970:101.

PROCESSO DE AUDITORIA OPERACIONAL   91

Enquanto método investigativo, a entrevista é considerada uma excelente técnica para a auditoria operacional. Tão relevante como o "tubo de ensaio na química e o microscópio na microbiologia".[47]

Vantagens e desvantagens

A entrevista possibilita compreender melhor as perguntas, obter dados complementares, captar a expressão corporal do entrevistado e, portanto, verificar a adequação das respostas dadas. Tem ainda como vantagem permitir a captação imediata e corrente da informação desejada sobre os mais variados tópicos e com qualquer tipo de informante. Permite também tratar de assuntos de natureza complexa, inclusive os de natureza estritamente pessoal e íntima.

Segundo Mann, a entrevista pode variar da mais descontraída conversação ao mais sistematizado conjunto de perguntas, desde um controle mínimo até o controle máximo. Quando realizada por um auditor experiente, a entrevista pode superar outros métodos de obtenção de dados.

Por outro lado, é mais onerosa em determinadas situações, além de demorada, e não possibilita uma grande amostra, sendo difícil obter dados quando as fontes se acham distantes. Pode também provocar a inibição do entrevistado, sujeitando-o à influência do auditor.

Classificação

Por ser um método bastante flexível, a entrevista pode ser classificada em diversos tipos, segundo o nível de estruturação:

a) *entrevista informal* — é a menos estruturada possível e só não se confunde com uma simples conversação por causa do objetivo, exigindo portanto uma grande habilidade do auditor. Normalmente utilizada em estudos iniciais e exploratórios, permite que o auditado expresse suas considerações sem um limite preestabelecido. Como não há uma regra específica, essa modalidade depende muito da subjetividade do auditor, o que pode fragilizar o processo investigativo. Segundo Mann, a entrevista informal "geralmente não pode

---

[47] Gil, 1995:113.

ser usada para testar hipóteses com muita precisão, porém pode ser usada frutiferamente para esclarecê-las e aperfeiçoá-las";[48]

b) *entrevista focalizada* — apesar da liberdade do auditado para expressar suas idiossincrasias, o auditor procura "focalizar" o problema auditado. Esse tipo de entrevista também exige muita técnica e experiência do auditor;

c) *entrevista por pautas* — o auditor conduz a entrevista com base numa pauta (relação de pontos a serem pesquisados) que é explorada ao longo da auditoria. Há certa liberdade para o questionado, mas o auditor não o deixa desviar-se da pauta;

d) *entrevista estruturada* — o auditor utiliza uma ordem fixa de perguntas, o que facilita a condução do processo auditorial, bem como a tabulação dos dados, devido à padronização das respostas obtidas. Nessa forma de entrevista, o controle[49] é exercido quer na formulação das perguntas, quer no registro das respostas.

A figura 9 apresenta, de forma resumida, a classificação da entrevista segundo o grau de estruturação.

Figura 9

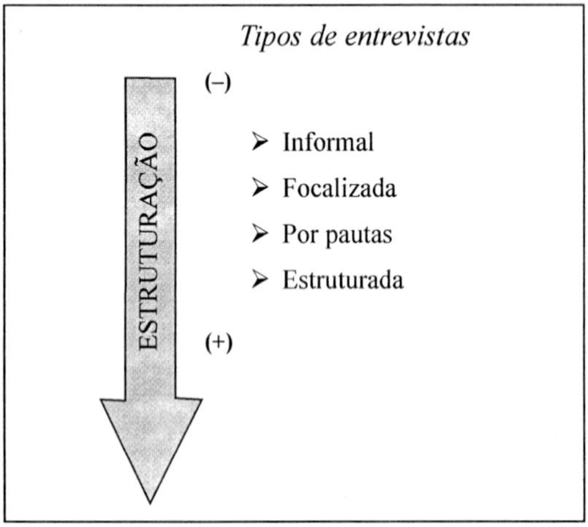

Tipos de entrevistas

(−)

ESTRUTURAÇÃO

➢ Informal
➢ Focalizada
➢ Por pautas
➢ Estruturada

(+)

---

[48] Mann, 1970:101.
[49] Controle deve ser aqui entendido como "o grau em que a observação é padronizada no interesse da exatidão científica", conforme Mann, 1970:90.

PROCESSO DE AUDITORIA OPERACIONAL

93

Lüdke e André[50] afirmam que, na pesquisa qualitativa, a entrevista pode ser realizada de três formas:

a) entrevista não totalmente estruturada — não impõe uma ordem rígida de formulações, podendo o entrevistado discorrer sobre o tema proposto segundo suas experiências;
b) entrevista semi-estruturada — possui um roteiro básico, mas este não é seguido rigidamente, podendo o entrevistador fazer alterações e adaptações;
c) entrevista padronizada ou estruturada — o entrevistado deve seguir rigorosamente um formulário preestabelecido. Tal sistemática permite obter resultados padronizados e não depende muito da perspicácia do entrevistador.

Para Triviños, em diversos casos de pesquisa qualitativa, a entrevista semi-estruturada se constitui no principal instrumento de obtenção de dados, pois "ao mesmo tempo que valoriza a presença do investigador, oferece todas as perspectivas possíveis para que o informante alcance a liberdade e a espontaneidade necessárias, enriquecendo a investigação".[51] Esse autor estabelece a seguinte relação, a qual corroboramos:

a) a entrevista não totalmente estruturada ou não-diretiva, por privilegiar o sujeito, é adequada para a psicologia;
b) a entrevista semi-estruturada favorece a descrição dos fenômenos sociais e a compreensão da realidade;
c) a entrevista padronizada ou estruturada, por ressaltar o objeto, é própria para os positivistas.

Na entrevista não-padronizada, a obtenção das informações depende da perspicácia do auditor. Não há como verificar a fidedignidade de tais informações, uma vez que o auditor não pode comprová-las. A introdução de formulários estruturados talvez seja a solução para esse problema, porque possibilita a comparação entre os dados levantados. Mas isso limita a profundidade do assunto explorado, uma vez que se tira a liberdade do entrevistado para expor suas experiências. Daí a preferência de alguns por entrevistas semi-estrutruradas

---

[50] Lüdke e André, 1986:33-35.
[51] Triviños, 1987: 145-147.

94 INTRODUÇÃO À AUDITORIA OPERACIONAL

(ou qualitativas), nas quais o auditor tem ampla liberdade para adaptá-las ao objetivo da auditoria.

Segundo Quivy e Campenhoudt,[52] a entrevista semidireta ou semi-estruturada é certamente a mais utilizada em investigação social. Nessa forma de entrevista, o auditor formula perguntas-guias, relativamente abertas, não necessariamente na mesma ordem, podendo o entrevistado explanar seus pontos de vista como melhor lhe convenha. Naturalmente, o foco da questão não poderá ser abandonado, cabendo ao auditor redirecionar a entrevista quando perceber que o entrevistado está fugindo aos objetivos da pesquisa.

A entrevista padronizada tem a vantagem de propiciar uma rígida linha de ação, impedindo desvios de conduta, cuidado que devemos tomar principalmente quando precisamos de rápida quantificação de respostas e lidamos com auditores pouco experientes. Essa padronização leva, também, a respostas padronizadas, facilitando a tabulação dos dados. Para tanto, o formulário elaborado para essa forma de pesquisa deve conter seqüência lógica relacionada com o problema.

Por outro lado, a entrevista não-padronizada (ou informal) não perdeu sua importância, pois representa uma "inestimável técnica exploratória"[53] nas fases iniciais da investigação sociológica. Utilizada mais como um processo de discussão entre duas pessoas que buscam resultados comuns, a entrevista informal pode revelar problemas auditoriais complexos que o auditor não conseguiria detectar por meio de técnicas rigorosamente científicas. Porém, aí reside a fragilidade científica dessa forma de entrevista, porquanto, dependendo da habilidade de cada um, dois auditores podem conseguir resultados diferentes ao entrevistar uma mesma pessoa.

Esses tipos de entrevistas não se opõem, mas devem ser utilizados moderadamente de acordo com as circunstâncias e o grau de experiência dos auditores.

Pessoas envolvidas

Os teóricos reconhecem que a realização da entrevista ultrapassa os limites da regra procedimental e remetem fundamentalmente à preparação, ao *feeling* e ao

---

[52] Quivy e Campenhoudt, 1992:194.
[53] Mann, 1970:195.

PROCESSO DE AUDITORIA OPERACIONAL   95

know-how do auditor. Suas qualidades pessoais — comunicação verbal, disposição para ouvir, empatia — é que vão garantir a efetividade do processo investigativo com a utilização da entrevista. Outro aspecto de extrema importância é "a atenção flutuante", segundo Thiolent,[54] que deve estar voltada não apenas para o formulário e as respostas, mas para todo o ambiente do entrevistado, seus gestos, comportamento, expressões, sinais não-verbais etc.

Ao realizar a entrevista, o auditor deve escolher o melhor momento para o auditado, a fim de que fatores estranhos não prejudiquem a metodologia. O contato inicial é de fundamental importância para o desenvolvimento salutar da entrevista, devendo o local e o horário serem marcados atendendo à conveniência do auditado. Tal contato pode ser feito por carta, na qual o auditor informa de imediato os objetivos da auditoria e os pormenores da entrevista.

É importante atentar para a relação de interação que se cria entre quem pergunta (o auditor) e quem responde (o auditado), sobretudo nas entrevistas não totalmente estruturadas, em que o entrevistado discorre sobre o tema proposto com base nas informações de que dispõe. Nessa relação deve estabelecer-se um clima de simpatia, harmonia, lealdade, empatia, comprometimento e até mesmo certa *cumplicidade,* a fim de que o auditor, de forma modesta, singela e sem arrogância, garanta a espontaneidade do auditado, obtendo assim o *rapport*[55] na entrevista.

Quase todos os autores reconhecem que a entrevista ultrapassa os limites da técnica, dependendo em grande parte das qualidades e habilidades do auditor. Além das qualidades específicas do auditor competente, tais como boa capacidade de comunicação verbal e paciência para ouvir atentamente, outras podem ser desenvolvidas com o estudo e a prática, principalmente através da observação de outro auditor mais experiente.

Cada pessoa tem uma maneira de se comportar quando tem que responder a perguntas sobre seus erros, acertos, experiências etc. O auditor deve pois desenvolver a intuição *(insight),* com o objetivo de compreender e analisar as formas de reagir do entrevistado e, conseqüentemente, poder avaliar melhor suas respostas, mesmo que sejam um "sim/não". Tais reações são chamadas de "indícios subliminares". Goode e Hatt sugerem que o estudante de relações sociais deve tentar conscientemente:

---

[54] Apud Lüdke e André, 1986:36.
[55] Aceitação, por parte do entrevistado, dos objetivos da pesquisa, levando-o a auxiliar na obtenção da informação necessária (Goode e Hatt, 1969:245).

Desenvolver uma prontidão, considerando que existem vários indícios subliminares e que se pode aprender a "ler".

Tentar trazer esses indícios ao nível consciente e compará-los com os palpites de outros observadores e entrevistadores.

Verificar sistematicamente as previsões feitas com base em tais palpites para saber se são corretas.[56]

O auditor deve assimilar certos comportamentos, alguns dos quais por meio de intensivo treinamento. Sua forma de vestir, sua maneira de falar ou mesmo suas preferências pessoais não devem desviar a atenção do auditado, sob pena de prejudicar a coleta das informações. Ele deve ser capaz de avaliar se a recusa do entrevistado a atendê-lo tem fundamento e, se for o caso, apresentar argumentos com vistas a transpor esse obstáculo e assim alcançar seu objetivo. Suas ações para localizar o auditado não devem despertar suspeitas descabidas quanto a suas reais intenções. Tampouco deve mostrar que possui conhecimentos superiores aos do entrevistado, mas simplesmente comportar-se como um profissional no exercício de suas funções.

Uma medida salutar para o bom desenvolvimento dos trabalhos de campo numa entrevista em que haja mais de um entrevistador é promover reuniões para esclarecer detalhes sobre os procedimentos. Para Mann, "todos os entrevistadores deveriam, sempre que possível, ser cuidadosamente instruídos a respeito do roteiro que vão usar; além disso, também sempre que possível, um 'guia para entrevistadores' deveria ser anexado ou incorporado ao programa".[57]

O conhecimento do auditado acerca do propósito da entrevista e a certeza de que as informações obtidas pelo auditor somente serão utilizadas para os fins determinados (sigilo da auditoria) são fundamentais para que se estabeleçam na relação entre ambos o respeito e a confiança, elementos indispensáveis para se alcançar a efetividade no processo auditorial. Devem-se respeitar o universo próprio do auditado, suas opiniões e impressões, seu modo de ver o mundo e todas as questões em que a pesquisa está interessada.

---

[56] Goode e Hatt, 1969:241.
[57] Mann, 1970:137.

PROCESSO DE AUDITORIA OPERACIONAL   97

Realização

Para conseguir eficácia na realização de uma entrevista, devem-se observar as seguintes regras:

a) planejar a entrevista;
b) selecionar o entrevistado de acordo com o objetivo;
c) definir o número de entrevistados;
d) relacionar as questões por ordem de importância;
e) conhecer o entrevistado;
f) programar a entrevista;
g) criar condições que favoreçam a entrevista;
h) documentar a entrevista.

Quando o método investigativo é aplicado por vários auditores, a elaboração de um formulário é fundamental para assegurar certa padronização, bem como para evitar o constrangimento de esquecer uma questão relevante durante a entrevista. A elaboração desse formulário possui alguns requisitos de que falaremos mais adiante.

As perguntas devem ser feitas uma de cada vez e não deixar implícitas as respostas. Para melhor controle, recomenda-se não saltar perguntas, mesmo que o auditor entenda que a resposta já foi dada anteriormente. Nesse caso, antes de fazer a pergunta, deve-se fazer referência ao que foi respondido anteriormente.

O auditor deve estar atento não apenas ao roteiro preestabelecido, mas também a toda uma comunicação não-verbal — expressões, gestos, entonações, hesitações, sinais, alterações de ritmo — cuja captação é muito importante para a compreensão e validação do que foi efetivamente dito. Assim, cabe ao auditor ouvi-lo atentamente, estimulando o fluxo natural das informações, sem forçar-lhe as respostas.

Ao conduzir a entrevista, o auditor deve dar ao auditado a liberdade de expor seus comentários e opiniões, desde que não fuja ao objetivo da auditoria e ao tipo da entrevista, na forma explicada neste tópico. Num clima de confiança e de aceitação mútua, as informações fluirão de maneira notável e autêntica.

Podem surgir situações em que o auditado solicite a opinião do auditor sobre determinado assunto. O auditor não deve recusar-se a atendê-lo ou responder que não entende daquele assunto, pois pode levar o auditado a

98 INTRODUÇÃO À AUDITORIA OPERACIONAL

incorrer no mesmo procedimento. Contudo, para não prejudicar a entrevista, é aconselhável que o auditor apresente seus comentários somente após o término da entrevista.

O auditor não deve confiar excessivamente em sua memória, e sim registrar os dados durante a entrevista, se possível literalmente. Tais recomendações são importantes para assegurar o valor dos dados obtidos por essa técnica. Além disso, a inexistência de anotações pode suscitar dúvidas do auditado quanto à relevância das informações que está prestando. Todavia, essas anotações devem ser feitas de forma comedida, para não inibir o auditado.

Se for possível, cabe também utilizar os recursos da eletrônica, como gravadores e filmadoras, mas de forma igualmente comedida e sempre com consentimento prévio, para não intimidar o auditado nem influenciar suas respostas. Triviños[58] concorda em parte com esta última opinião e é categórico ao afirmar que somente os "não-familiarizados" consideram que a técnica da gravação inibe o auditado. A seu ver, certa inibição inicial é natural, mas em seguida a entrevista transcorre espontaneamente.

Para o auditor, uma boa forma de certificar-se de que entendeu a resposta do auditado é fazer a "pergunta de verificação". Para Goode e Hatt,[59] "o entrevistador não pode satisfazer-se apenas com o registro da resposta. Deve ter certeza de que compreende a resposta e de que ela satisfaz à questão". Assim, pode-se repetir simplesmente a pergunta ou, no caso de o auditado não ter respondido à questão, ajudá-lo a recordar suas experiências para lembrar-se da resposta. Pode-se utilizar também a "verificação antagônica", que consiste em reiterar a pergunta de forma mais veemente, principalmente quando se percebe que o auditado a respondeu desonestamente.

Não se pode afirmar qual o limite de tempo ideal para a realização da entrevista numa auditoria, principalmente em face de sua flexibilidade. Normalmente, é a circunstância do trabalho a ser realizado que vai determinar esse tempo. Contudo, Triviños[60] afirma que não convém que uma entrevista se prolongue por mais de 30 minutos, sob risco de empobrecê-la e cansar o entrevistado.

---

[58] Triviños, 1987:148.
[59] Goode e Hatt, 1969:259.
[60] Triviños, 1987:147.

Para o bom resultado da entrevista, são aconselháveis medidas de controle. Uma delas é o próprio auditor revisar seus registros, com o objetivo de identificar erros, omissões etc. Podem-se também fazer cotejos internos de resultados, bem como visitas posteriores ao entrevistado para confirmar as informações colhidas.

O encerramento da entrevista deve ser cordial e deve deixar a "porta aberta" para novos contatos.

Formulário

Conceito

Os instrumentos utilizados para a formulação de questões visando à coleta de dados na pesquisa científica têm merecido a atenção dos estudiosos. Goode e Hatt[61] assim os classificam:

a) questionário — o próprio informante o preenche com as respostas pedidas;
b) formulário — termo geralmente usado para designar uma coleção de questões que são formuladas e anotadas por um entrevistador face a face com outra pessoa;
c) roteiro de entrevista — lista de pontos ou tópicos que um entrevistador deve seguir durante a entrevista.

Para esses autores, o questionário e o formulário compõem-se principalmente de itens estruturados, ao passo que o roteiro de entrevista lida sobretudo com questões não-estruturadas ou abertas.

Selltiz[62] adota o mesmo conceito utilizado por Goode e Hatt para designar formulário. Outros autores preferem chamá-la de lista, catálogo, inventário.

Mann[63] chama de "roteiro de entrevista" o instrumento que habilita uma equipe de entrevistadores a dar os mesmos estímulos aos informantes na mesma ordem predeterminada e a registrar suas reações de forma padronizada.

Aqui adotaremos o termo utilizado por Goode e Hatt para designar o instrumento da entrevista.

O formulário é um método de investigação pessoal, direto, e a elaboração do registro das informações, como vimos, é de responsabilidade do auditor.

---

[61] Goode e Hatt, 1969:172.
[62] Apud Lakatos e Marconi, 1991:212.
[63] Mann, 1970:119.

100 INTRODUÇÃO À AUDITORIA OPERACIONAL

Elaboração

A técnica de elaboração do formulário em muito se parece com a do questionário. Primeiro, buscando estabelecer hipóteses básicas bem claras, o auditor elabora um roteiro de entrevista que será aplicado numa pequena amostra da população interessada. Antes, é claro, já efetuou consultas à literatura pertinente e a especialistas no problema que se dispõe a auditar, visando elaborar as perguntas que farão parte de seu roteiro, bem como já procedeu a um estudo da subamostra. Durante a entrevista, ele busca captar as emoções, o significado das respostas dos entrevistados e novas áreas de interesse.

Nesse roteiro de entrevista, o auditor deverá verificar a ordem seqüencial das perguntas para poder atrair o interesse do entrevistado e estabelecer o *rapport*. Mann comenta que "algumas pessoas gostam de usar um cartão para cada pergunta nessa fase, de sorte a facilitar a transposição das perguntas conforme a melhor seqüência possível".[64] O resultado dessa entrevista deve ser cuidadosamente analisado para que não se formulem hipóteses descabidas e, também, para que se possa estabelecer as questões do formulário pretendido.

Rascunhadas as perguntas, é aconselhável submetê-las ao crivo de profissionais que conheçam o processo de levantamento e elaboração de formulário.

Por cautela, alguns auditores preferem não considerar já concluído o formulário. Por isso selecionam outra pequena amostra de interessados para testar a propriedade das perguntas. Mann chama esse procedimento de "fase-piloto", "a última antes do levantamento propriamente dito e, portanto, uma fase em que, tanto quanto possível, o roteiro (formulário) está próximo de sua forma final, tanto na categoria de perguntas quanto na de respostas".

Outros preferem passar diretamente à fase em que o auditor procede a uma verificação do formulário. O auditor deverá então projetar como será o estudo propriamente dito. Segundo Goode e Hatt, nessa fase "as instruções para a entrevista, quer as individuais quer as de grupo, já estarão formuladas, devendo-se obedecê-las rigorosamente para verificar se são ou não adequadas".[65]

---

[64] Mann, 1970:128.
[65] Goode e Hatt, 1969:188.

PROCESSO DE AUDITORIA OPERACIONAL

Deve-se tomar todo o cuidado para que um formulário atenda plenamente aos objetivos da pesquisa. Perguntas mal formuladas ou incompletas podem resultar num baixo nível de informações colhidas. Portanto, cumpre envidar o máximo esforço para obter o melhor formulário para cada circunstância.

Aliás, devem-se tomar outros cuidados, além dos mencionados. Segundo Bowley,[66] no formulário o auditor deve:

a) pedir o mínimo de informações necessário;

b) assegurar-se de que as perguntas *podem* ser respondidas;

c) assegurar-se de que as perguntas *serão* respondidas honestamente;

d) assegurar-se de que as perguntas *serão* respondidas, e não recusadas.

Assim, o auditor deve buscar o máximo de informações possíveis em outras fontes, economizando o tempo a ser despendido pelo auditado. No formulário devem constar somente as perguntas relevantes para os objetivos pesquisados. Mas isso não quer dizer que se devam evitar as questões iniciais, cujo objetivo é despertar o interesse do auditado.

Não deve haver perguntas que não possam ser respondidas pelo auditado. Daí a importância da análise que o pesquisador faz do perfil do entrevistado. Suas características pessoais, como formação acadêmica e profissional, posição social etc., possibilitam estabelecer parâmetros para definir que tipo de perguntas ele está apto a responder.

Essas mesmas características devem ser utilizadas para se evitar fazer perguntas cujas respostas tendam a ser insinceras ou recusadas. Por exemplo, não adianta perguntar a um ateu sobre a vida de Cristo, pois ele poderá tentar esconder sua preferência religiosa ou negar-se a responder.

O formulário deve possuir características que ajudem ao auditor a colher o máximo de informações do auditado. A forma lógica de sua elaboração é uma dessas características indispensáveis. Assim, as questões devem ser formuladas de forma amistosa, começando por aquelas de fácil resposta, que não ocasionem recusas por parte do entrevistado. Perguntas que exijam maior esforço do entrevistado devem ser evitadas no início do formulário, mas também não se deve fazê-las no fim, porquanto nessa fase o auditado já estará exausto.

---

[66] Apud Mann. 1970:121.

102 INTRODUÇÃO À AUDITORIA OPERACIONAL

Vantagens e desvantagens

Em comparação com o questionário, que veremos mais adiante, eis as principais vantagens e desvantagens do formulário, segundo Lakatos:[67]

Vantagens

a) utilizável em quase todos os segmentos da população: alfabetizados, analfabetos, populações heterogêneas etc., uma vez que é o entrevistador que o preenche;

b) oportunidade de estabelecer *rapport,* devido ao contato pessoal;

c) presença do pesquisador, que pode explicar os objetivos da pesquisa e elucidar perguntas que não estejam muito claras;

d) flexibilidade para adaptar-se a cada situação, podendo o entrevistador reformular itens ou ajustar o formulário à compreensão de cada informante;

e) obtenção de dados mais complexos e úteis;

f) facilidade de obter um número representativo de informantes num determinado grupo;

g) uniformidade dos símbolos utilizados, pois é preenchido pelo próprio pesquisador.

Desvantagens

a) menos liberdade nas respostas, em virtude da presença do entrevistador;

b) risco de distorções, devido à influência do aplicador;

c) menos tempo para responder às perguntas; não havendo tempo para pensar, elas podem ser invalidadas;

d) mais demorado, por ser aplicado a uma pessoa de cada vez;

e) insegurança nas respostas, por falta do anonimato;

f) pessoas que disponham de informações importantes podem estar em localidades muito distantes, tornando a resposta difícil, demorada e dispendiosa.

---

[67] Lakatos e Marconi, 1991:212-213.

PROCESSO DE AUDITORIA OPERACIONAL

103

Questionário

Conceito

O questionário é a forma de investigação em que as respostas às questões formuladas são preenchidas pelo próprio informante. Não há uniformidade terminológica entre os estudiosos quanto à sua denominação, sendo comum encontrar os termos roteiro, formulário, teste, *enquête* e escala com o mesmo sentido de questionário. O *Dicionário de ciências sociais* da Fundação Getulio Vargas, por exemplo, define questionário como "formulário ou lista de perguntas usado para colher dados de um conjunto de pessoas. Refere-se geralmente aos formulários enviados pelo correio ou preenchidos pelo informante, sem a presença de um entrevistador".

Mann afirma:

> Ao contrário do roteiro de entrevista, que é usado pelo entrevistador como um *aide mémoire* e é preenchido por ele mesmo, o questionário é normalmente preenchido sem a presença de ninguém ligado à pesquisa; o informante recebe instruções por escrito e preenche ele mesmo o questionário.[68]

Para Quivy e Campenhoudt, o questionário

> consiste em formular a um conjunto de inquiridos, geralmente representativo de uma população, uma série de perguntas sobre sua situação social, profissional ou familiar, suas opiniões, sua atitude em relação a questões humanas e sociais, suas expectativas, seu nível de conhecimento a respeito de um fato ou problema, ou ainda sobre qualquer outro ponto que interesse aos investigadores.[69]

Elaboração e aplicação

O questionário é um método impessoal, indireto, sendo sua principal característica o registro das informações pelo auditado. Para sua elaboração, convém seguir os mesmos passos a que nos referimos ao tratar do formulário.

---

[68] Mann, 1970:139.
[69] Quivy e Campenhoudt, 1992:190.

104 INTRODUÇÃO À AUDITORIA OPERACIONAL

De modo a possibilitar a fidedignidade das respostas, o questionário deve ser imparcial, objetivo e o mais claro possível. Deve permitir ao auditado uma e somente uma interpretação. Outro aspecto a ser considerado é a quantidade das questões a serem feitas, de modo a não cansar o auditado nem prejudicar a veracidade das informações. Não há uma regra básica, mas alguns autores recomendam que o número ideal de questões não seja superior a 30.

Isoladamente, não é um instrumento de pesquisa muito eficiente, uma vez que as perguntas nele contidas, pela própria limitação humana para elaborá-las, não deixam claro para todos o tipo de informação que o auditor procura obter, principalmente quando se trata de uma amostra de pessoas que não tenham interesse direto no assunto pesquisado ou cujo nível de instrução seja incompatível com o nível das perguntas.

Quando os entrevistados não pertencem ao quadro funcional da entidade auditada, normalmente os questionários são enviados pelos correios, devendo-se anexar um envelope selado para facilitar a resposta do entrevistado. Por isso, muitos estudiosos consideram o questionário uma forma barata de coleta de dados. Goode e Hatt, porém, não generalizam esse entendimento. Para eles, "o questionário custa menos por unidade do que a entrevista, mas isso é verdadeiro somente quando se consideram os custos imediatos. Pode-se levar muito tempo aguardando a chegada das sucessivas remessas de questionário, e isso não é normalmente considerado como custo do processo". E resumem: "nenhuma comparação de despesa pode ser feita e considerada boa em todos os casos".[70]

Outro aspecto a considerar é que o leiaute da apresentação das perguntas deve ser feito de modo a chamar a atenção do auditado, e o uso de papel adequado permite o manuseio do documento sem que este se desgaste.

Como o auditor não participa do processo de preenchimento das respostas, a carta de apresentação do questionário deve deixar claro quem realiza a pesquisa (o patrocínio), o objetivo da auditoria e o motivo pelo qual se escolheu aquela pessoa para respondê-lo (persuasão). Tal carta virá acompanhada de instruções minuciosas e específicas sobre como o questionário deverá ser respondido.

Na sua elaboração, cumpre evitar perguntas:

---

[70] Goode e Hatt, 1969:225.

PROCESSO DE AUDITORIA OPERACIONAL   105

a) ambíguas;

b) capciosas;

c) duplas;

d) com jargões e terminologias técnicas;

e) emocionais.

Como é sabido que a devolução dos questionários é percentualmente baixa, corre-se o risco de distorcer a amostra (amostra viciada), prejudicando a validade do estudo. Um procedimento comum é enviar uma segunda e mesmo uma terceira remessa do questionário às pessoas que não o responderam.

Tipos de questionário

Existem basicamente dois tipos de questionário. O de perguntas abertas possibilita respostas livres. Por exemplo: "Qual o motivo que determinou a escolha desse processo?" Também existe o questionário de perguntas fechadas, que limita as respostas dos entrevistados e possibilita respostas mais precisas. Por exemplo: "Quantos produtos você consumiu neste ano? ___Nenhum; ___até 3;___de 4 a 10;___mais de 10.

Vantagens e desvantagens

Com base em Lakatos, apresentamos a seguir, resumidamente, as vantagens e desvantagens da utilização do questionário:

Vantagens

a) poupa tempo e viagens e permite obter grande número de dados;

b) atinge maior número de pessoas simultaneamente;

c) abrange uma área geográfica mais ampla;

d) economiza pessoal, tanto em adestramento quanto em trabalho de campo;

e) permite obter respostas mais rápidas e mais precisas;

f) maior liberdade nas respostas, em razão do anonimato;

g) maior segurança, pelo fato de as respostas não serem identificadas;

h) menos risco de distorções, pois não há influência do pesquisador;

i) mais tempo para responder e em hora mais favorável;

106 INTRODUÇÃO À AUDITORIA OPERACIONAL

j) mais uniformidade na avaliação, em virtude da natureza impessoal do instrumento;

k) permite obter respostas que materialmente seriam inacessíveis.

Desvantagens

a) percentagem pequena de questionários devolvidos;

b) grande número de perguntas sem respostas;

c) não pode ser aplicado a pessoas analfabetas;

d) impossibilidade de ajudar o informante em questões mal compreendidas;

e) a dificuldade de compreensão, por parte dos informantes, produz uma uniformidade aparente;

f) na leitura de todas as perguntas, antes de respondê-las, uma pode influenciar a outra;

g) a devolução tardia prejudica o calendário ou sua utilização;

h) o desconhecimento das circunstâncias em que foram preenchidos torna difícil o controle e a verificação;

i) nem sempre é o escolhido quem responde ao questionário, invalidando assim as questões;

j) exige um universo mais homogêneo.

Conclusão

A coleta de dados é um dos mais importantes estágios do processo de auditoria operacional. Consiste na aplicação de métodos específicos para a obtenção de informações, representando portanto a própria essência do processo. A doutrina não é uníssona em relação aos tipos de procedimento. Observação, entrevistas, formulários e questionários são normalmente apresentados. Todavia, não podemos esquecer que o questionário e o formulário são indubitavelmente instrumentos para a realização de uma entrevista estruturada.

Ademais, a aplicação desses procedimentos não é exclusiva, ou seja, a utilização de um não elimina a utilização de outro, pois invariavelmente, em função do dinamismo que envolve a auditoria operacional, eles podem ser usados de forma conjugada, ou seja, um complementando o outro.

Por fim, mas não por último, cumpre dizer que, qualquer que seja o método utilizado pelo auditor, este não pode jamais olvidar que o sujeito do processo é o auditado: ele — e somente ele — é a fonte e a razão do processo.

PROCESSO DE AUDITORIA OPERACIONAL   107

Evidência de auditoria

Evidência de auditoria é toda prova obtida pelo auditor, mediante aplicação dos procedimentos de auditoria, para avaliar se os critérios estabelecidos estão sendo ou não atendidos. Uma evidência de auditoria somente será considerada boa se sobre ela não pairar qualquer dúvida cabível.

A evidência de auditoria é classificada segundo os procedimentos que a originaram. Assim, temos:

- *evidência física* — obtida por meio de inspeção física ou observação direta de pessoas, bens, ou transações; normalmente é apresentada sob a forma de fotografias, gráficos, memorandos descritivos, mapas, amostras físicas etc.;

- *evidência documental* — é aquela obtida dos exames de ofícios, contratos, documentos comprobatórios (notas fiscais, recibos, duplicatas quitadas, relatórios etc.) e de informações prestadas por pessoas de dentro e de fora da entidade auditada, sendo a evidência obtida de fontes externas adequadas mais fidedigna do que a obtida na própria organização sob auditoria;

- *evidência testemunhal* — é aquela decorrente da aplicação de entrevistas ou questionários;

- *evidência analítica* — obtida mediante conferência de cálculos, comparações, correlações e análises feitas pelo auditor, entre outras.

O auditor deve estar ciente de que o processo de obtenção de evidências numa auditoria operacional é muito mais complexo do que numa auditoria contábil. Isso porque, nas áreas operacionais, o processo de identificação dos critérios, na maioria das vezes, não é tão claramente definido como nas áreas financeiras. A identificação das áreas problemáticas e críticas dependerá enormemente da perspicácia, experiência e determinação do auditor.

Programa de auditoria

O programa de auditoria é o instrumento que fornece ao auditor que irá executar os trabalhos os passos específicos a serem seguidos de acordo com o plano de auditoria. Representando o detalhamento do plano de auditoria, o programa deve ser elaborado de forma abrangente. Contudo, não pode limitar a criatividade do auditor, que é necessária em certas circunstâncias. Esse instrumento, definindo os objetivos, o escopo adotado e os procedimentos a serem seguidos, deve ser elaborado por área específica a ser examinada.

Os programas de auditoria objetivam: a) evidenciar os requisitos planejados; b) estabelecer a extensão e as datas dos procedimentos a serem executados; c) estabelecer a estimativa de horas por procedimentos a serem aplicados; d) controlar os passos do programa cumpridos e a cumprir; e) evidenciar quem cumpriu os passos; e f) registrar quem revisou os trabalhos.

A seguir, apresentamos modelo de formulário utilizado para a elaboração de programas de auditoria:

Identificação do auditor	Nome da Organização Auditada		Índice
	PROGRAMA DE AUDITORIA		
	Área	Tipo da Auditoria	Data da Auditoria

TEMPO		PASSO DO PROGRAMA	DATA	ÍNDICE
PREV.	REAL.			
		I - Objetivo		
		II - Escopo		
		III - Procedimentos		
Feito por:			Revisado por:	

Papéis de trabalho

Numa auditoria operacional, todas as evidências obtidas pelo auditor devem ser compiladas em papéis de trabalho. Elas representam o conjunto de documentos obtidos ou preparados pelo auditor, de forma manual, por meios eletrônicos ou

PROCESSO DE AUDITORIA OPERACIONAL

por outros meios, que constituem a evidência do trabalho executado e servem de fundamento aos comentários emitidos.

Nas auditorias operacionais, os papéis de trabalho representam a documentação das evidências que respaldam as conclusões e opiniões significativas dos auditores, constituindo-se no principal subsídio do relatório. Além de permitirem aos auditores executar e supervisionar a auditoria, possibilitam a revisão de qualidade por parte de outros auditores.

Em síntese, o auditor elabora os papéis de trabalho para registrar todas as descobertas por ele realizadas e para comprovar o trabalho efetuado. Denominam-se papéis de trabalho não só as análises elaboradas, mas também qualquer documento obtido pelo auditor que constitua evidência de um exame realizado. Assim, podemos ter como elementos integrantes: fitas de vídeo, CDs, disquetes, fotografias etc.

Numa auditoria contábil, para elaborar suas análises, o auditor normalmente utiliza formulários pré-impressos divididos em sete ou 14 colunas. Tais formulários podem servir de base para a realização de auditorias operacionais. Contudo, devido à dinâmica destas últimas, a maioria dos papéis constantes na pasta de trabalho do auditor operacional constitui-se de documentos elaborados pela própria entidade auditada.

A seguir, apresentamos um modelo de cédula de sete colunas:

Identificação do auditor	Nome da Organização Auditada:		Índice			
	Área:					
	Tipo de exame		Data da Auditoria			
Feito por:			Revisado por			

O modelo de 14 colunas pode ser assim exemplificado:

Id. aud.	Nome da Organização:					Índice:							
	Área:												
	Tipo de exame:					Data da auditoria							
Feito por:						Revisado por:							

Embora sejam preparados a partir de documentos originais que são de propriedade da organização auditada, bem como de informações com ela relacionadas, os papéis de trabalho são de propriedade exclusiva do auditor, pois é neles que se encontram fundamentados seus comentários.

Por conterem documentos e informações referentes à entidade auditada, que não podem em hipótese alguma ser utilizados em benefício próprio ou de outrem, os papéis de trabalho são de natureza exclusivamente confidencial.

Quando da elaboração dos papéis de trabalho, o auditor deve considerar as seguintes regras básicas:

- *precisão* — os papéis de trabalho devem ser elaborados com extremo rigor técnico; não podem conter informações imprecisas e inadequadas;
- *concisão* — os papéis de trabalho devem ser concisos, de forma que qualquer interessado e conhecedor das normas e procedimentos de auditoria possa entendê-los sem a necessidade de explicações ou comentários adicionais, de quem os elaborou;

PROCESSO DE AUDITORIA OPERACIONAL

- *objetividade* — os papéis de trabalho devem ser claros e objetivos, de forma que deles se depreenda o objetivo dos exames e até onde o auditor pôde chegar;
- *limpeza* — os papéis de trabalho devem ser limpos para não prejudicar a sua compreensão;
- *lógica* — os papéis de trabalho devem ser preparados de maneira racional e lógica, com início, meio e fim, na seqüência natural do objetivo a ser atingido;
- *completitude* — os papéis de trabalho devem conter todas as informações necessárias para fundamentar a opinião do auditor; isso quer dizer que devem ser completos por si sós.

As seguintes técnicas devem ser igualmente observadas:

- *utilização de lápis* — objetivando facilitar as alterações e as modificações das informações constantes nos papéis de trabalho, ao elaborar as suas análises, o auditor deve utilizar o lápis. Somente na obtenção de declarações relevantes e em casos específicos deve-se utilizar a caneta. Atualmente, com a disponibilidade dos recursos de informática, a elaboração manual de papéis de trabalho está cada vez mais restrita;
- *leiaute* — os títulos e as informações genéricas que identificam o papel de trabalho devem figurar na sua parte superior; os exames e os cálculos, na parte central; e a descrição dos exames e comentários, na parte inferior;
- *verso dos papéis de trabalho* — o auditor deve preferencialmente utilizar apenas o anverso das cédulas, objetivando facilitar sua leitura e arquivamento.

Uso dos papéis de trabalho

Os papéis de trabalho têm, entre outras, as seguintes finalidades:

a) apresentar um registro permanente dos exames realizados, incluindo — descrição dos dados relativos ao escopo do trabalho, que são devidamente considerados no plano de auditoria; detalhamento dos procedimentos descritos no programa de auditoria; registro da revisão e avaliação do sistema de controle interno; extensão do exame e testes de auditoria realizados sobre os registros; natureza e grau de adequação das informações obtidas;

b) demonstrar os objetivos, o escopo e a metodologia, incluindo os critérios de amostragem utilizados;

c) evidenciar o trabalho realizado que serve de fundamento a conclusões e comentários significativos;

d) fornecer informações relevantes com relação ao planejamento de futuras auditorias;

e) servir como evidência que fundamente o relatório produzido;

f) registrar a evidência de reexame da supervisão do trabalho realizado;

g) dar aos supervisores a oportunidade de avaliar as qualidades dos membros da equipe no que diz respeito a — competência técnica em assuntos de auditoria, senso de organização, habilidade para planejar, executar e avaliar o trabalho etc.

Identificação dos papéis de trabalho

Cada papel de trabalho elaborado numa auditoria operacional deve ser adequadamente identificado. Assim, deve conter:

- ❑ cabeçalho, com identificação dos auditores, identificação do auditado e identificação da área auditada;
- ❑ referência para indexação;
- ❑ data da realização do trabalho;
- ❑ assinatura do responsável pela elaboração;
- ❑ assinatura do responsável pela revisão;
- ❑ título da área;
- ❑ objetivo do papel de trabalho.

Descrição das informações dos papéis de trabalho

A descrição dos dados constantes nos papéis de trabalho divide-se basicamente em dois estágios: o primeiro consiste em sua compilação; o segundo, no arquivamento, na forma a seguir demonstrada.

a) Compilação de informações, incluindo — demonstrativos e mapas de movimentação preparados pelos departamentos de contabilidade, financeiro, de

PROCESSO DE AUDITORIA OPERACIONAL   113

pessoal, de patrimônio e operacionais ou pelo auditor. Por exemplo: demonstrativo das movimentações, memorandos, confirmações, análises, composições e outros tipos de documentação preparada ou reunida durante o exame.

b) Arquivamento — os papéis de trabalho, segundo as informações aí contidas, devem ser arquivados em pastas, como segue:

- ❑ pasta permanente — contendo legislação básica, estrutura organizacional, plano de contas, fluxogramas, manual de serviços, outras informações de natureza permanente etc. Portanto, nessa pasta arquivam-se os documentos que são utilizados em diversas auditorias numa determinada organização;

- ❑ pasta corrente — nessa pasta são arquivados os papéis de trabalho utilizados em uma única auditoria. Nas auditorias recorrentes, podem ser usados como fonte de consulta. Como exemplo desses tipos de papéis, temos: análises de transações, programas de auditoria, memorandos, questionários de avaliação dos controles internos, formulários, documentação das entrevistas, balancetes, movimentação de contas etc.

Segundo as normas para a auditoria contábil no Brasil, os papéis de trabalho devem ser arquivados pelo período de cinco anos. Na área governamental, não existe uma regra específica. Todavia, acreditamos que, no caso dos tribunais de contas, um prazo razoável seria o de três anos após a apreciação e julgamento das contas, e nas auditorias internas governamentais, dois anos após a apresentação dos relatórios aos interessados.

Organização dos papéis de trabalho

Os papéis de trabalho devem ser organizados de forma a facilitar seu manuscio. Na auditoria operacional, os papéis de trabalho podem ser elaborados de forma análoga à da auditoria contábil. Assim, seu conjunto pode ser dividido em folhas mestras ou sintéticas, subsidiárias ou analíticas.

As folhas mestras descrevem as contas examinadas por área do balanço na auditoria contábil ou os dados sintéticos a serem examinados na auditoria operacional. Esses papéis são complementados pelas folhas subsidiárias (programas, folhas-suporte, movimentações de conta, análises, conciliações, testes e demonstrativos), que evidenciam todo o exame realizado.

114 INTRODUÇÃO À AUDITORIA OPERACIONAL

Em síntese, numa auditoria operacional, parte dos papéis de trabalho pode ser organizada com os seguintes documentos:

- capa da pasta, contendo identificação do auditor, do auditado, da auditoria, período de realização dos trabalhos e outras informações consideradas importantes;
- índice dos papéis;
- plano de auditoria;
- programa de auditoria;
- controle de tempo dos trabalhos;
- notas do supervisor;
- papéis de trabalho, contendo as evidências por área examinada;
- correspondências remetidas;
- respostas recebidas, devidamente referenciadas com os papéis de trabalho;
- desenvolvimento das recomendações;
- relatório de auditoria devidamente referenciado.

Indicação dos exames realizados

Normalmente, a evidenciação dos exames realizados pelo auditor é feita utilizando-se três elementos.

- Tiques explicativos: são sinais peculiares, geralmente grafados em vermelho, para indicar a fonte de obtenção de uma informação, a conferência com a documentação probatória ou a realização de um exame. Devem ser simples, claros e objetivos, tais como: ✓ , ✓✓
  Normalmente os tiques são colocados ao lado do número ou informação auditada e sua descrição é aposta na parte inferior da cédula. O auditor, quando da elaboração dos papéis de trabalho, deve evitar a excessiva utilização de tiques, bem como de representações gráficas complexas.

- Notas explicativas: utilizadas geralmente para uma chamada de ordem geral, como, por exemplo, para definição de um escopo de trabalho realizado, tais como: nota 1, nota 2 etc.
  No papel de trabalho a seguir, apresentamos um modelo de utilização de tiques e notas explicativas:

PROCESSO DE AUDITORIA OPERACIONAL   115

Identificação do auditor	Nome da Organização Auditada:			Índice: P		
	Área : *Pessoal*					
	Tipo de exame: *Composição do Quadro*			Data da Auditoria: *31/12/X1*		
	DESCRIÇÃO		REF	SALÁRIO R$	QTD	
				✓	✓✓	
1.1	*Contratados*			*100*	*10*	
1.2	*Efetivos*		*CI*	*900*	*1.000*	
	TOTAL			*1.000*	*1.010*	
				✓	✓	
	Nota *1. Selecionamos para teste apenas os servidores nomeados nos últimos 2 anos*					
✓✓ *- Conforme registros auxiliares*						
✓ *- Somado*						
Feito por:				Revisado por:		

- Letras explicativas: utilização de letra maiúscula do alfabeto dentro de um círculo, também em vermelho, para explicação de uma informação recebida ou de uma exceção ao padrão, bem como para algum comentário mais relevante que uma simples conferência, tal como: Ⓐ, Ⓑ etc.

Codificação dos papéis de trabalho

Com o intuito de arquivar os papéis de trabalho e permitir rápido acesso aos exames realizados, o auditor utiliza a técnica de referenciar ou codificar seus papéis de trabalho.

Não existe um sistema que permita codificar os papéis de trabalho de forma padronizada numa auditoria operacional. A codificação pode variar em função das características do trabalho e do seu porte. Todavia, uma sistemática de referenciação geralmente empregada, por ser uma das mais simples, é a alfanumérica, que conjuga letras maiúsculas com números arábicos numa seqüência lógica e

116 INTRODUÇÃO À AUDITORIA OPERACIONAL

racional, procurando sempre agrupar os papéis de trabalho num jogo sistemático que, em seu conjunto, representa todo o serviço executado.

Assim, temos, à guisa de exemplo:

Referência	Descrição
X	Papel de trabalho de resumo ou de sintetização, geralmente denominado papel de trabalho mestre, que fornece a informação de uma determinada área de forma sintética.
X.1	Papel subsidiário, que fornecerá os detalhes de forma analítica do papel referenciado como X.
X.1.1	Papel subsidiário, que fornecerá os detalhes de forma analítica do papel referenciado como X.I.
X.2	Papel subsidiário, que fornecerá os detalhes de forma analítica do papel referenciado como X.
X.2.1	Papel subsidiário, que fornecerá os detalhes de forma analítica do papel referenciado como X.2.
X.2.1.1	Papel subsidiário, que fornecerá os detalhes de forma analítica do papel referenciado como X.2.1.

Essa sistemática é apenas uma analogia do método usado pela contabilidade para registros no razão sintético e no razão analítico, podendo ser perfeitamente utilizada, *mutatis mutandis,* na auditoria operacional.

Outro aspecto relevante é que as referências devem sempre ser feitas em vermelho.

Amarração dos papéis de trabalho

Para assegurar um perfeito entrosamento das informações e encurtar os trabalhos a serem realizados, o auditor procede ao "cruzamento de referências" ou à "amarração" dos papéis de trabalho de uma mesma área. Tal sistemática também evidencia os trabalhos efetuados numa área que tem influência em outras que serão examinadas pelo auditor, ou seja, a correlação de informações. No jargão técnico, temos a famosa expressão "referências cruzadas".

PROCESSO DE AUDITORIA OPERACIONAL

Portanto, para permitir a rápida localização das evidências da realização dos trabalhos e de qualquer problema que o auditor porventura tenha encontrado no transcorrer de seus exames, utilizamos as referências cruzadas entre um papel de trabalho e outro — referência cruzada externa — ou internamente, dentro do mesmo papel — referência cruzada interna.

Relatório

O relatório de auditoria é a fase final do processo auditorial e consiste numa narração ou descrição ordenada e minuciosa dos fatos que foram constatados, com base em evidência concreta, durante os exames de auditoria operacional. Representa a fase mais significativa do trabalho e se constitui no seu produto final.

O relatório é o instrumento técnico pelo qual o auditor comunica ou apresenta os resultados dos trabalhos realizados, suas conclusões, opiniões, recomendações e as providências a serem tomadas pela administração.

O relatório de auditoria operacional é o documento emitido na última fase do processo auditorial onde o auditor apresenta suas constatações obtidas, em face da aplicação de procedimentos e suportadas por evidências adequadas sobre as quais não paire qualquer dúvida cabível.

O objetivo fundamental do relatório de auditoria operacional é transmitir a todos os atores interessados na matéria objeto de auditoria essas constatações de forma completa, clara, concisa, correta e imparcial de modo a possibilitar que os interessados compreendam o objetivo da auditoria e seus resultados e possam aceitar a validade das conclusões.

Segundo o Tribunal de Contas da União (Portaria nº 63/96), o relatório de auditoria é:

> Documento contendo as comprovações, conclusões e, eventualmente, recomendações que a instituição de fiscalização ou o auditor consideram útil levar ao conhecimento da entidade fiscalizada ou de qualquer outra autoridade competente.

Conforme o Ilacif (atual Olacefs), temos a seguinte definição para o relatório de auditoria:

> O relatório de auditoria é o produto final do trabalho do auditor governamental, no qual ele apresenta os seus comentários sobre os achados,

118 INTRODUÇÃO À AUDITORIA OPERACIONAL

suas conclusões e recomendações e, no caso do exame das demonstrações contábeis, o correspondente parecer.[71]

Os resultados dos trabalhos de auditoria podem ser apresentados sob a forma de parecer de auditoria, quando da realização de auditorias sobre as demonstrações contábeis, ou sob a forma de relatório amplo, que é muito mais adequado para a auditoria operacional. Logo, temos relatório como gênero, e parecer de auditoria e relatório de auditoria operacional como espécies. Mais uma vez nos limitaremos apenas à auditoria operacional.[72]

Relatório de auditoria operacional

O relatório de auditoria operacional é a exposição fundamentada de comentários de forma conclusiva, na qual são descritos os fatos de maior importância — denominados achados de auditoria — constatados durante o curso normal dos trabalhos de auditoria e sugeridas as soluções. Tais sugestões deverão ser construtivas, visando ao aprimoramento dos controles internos, à redução dos custos, ao aumento da economicidade, da eficiência, da eficácia e da efetividade na utilização dos recursos públicos, ao melhoramento das práticas contábeis e administrativas e até mesmo a uma forma mais adequada de gerir a entidade auditada.

Como não existem normas específicas no Brasil para elaboração de relatórios de auditoria operacional, utilizaremos a seguir alguns aspectos da padronização adotada pela Olacefs, que são compatíveis com as normas emitidas pela Intosai e outros organismos.

O relatório de auditoria tem importância significativa para o principal responsável pela entidade auditada, assim como para o pessoal cujas atividades nas áreas envolvidas são nele abordadas e discutidas, visto que podem utilizá-lo como base para tomada de decisões.

Esse relatório ajuda os leitores e interessados, sejam eles do próprio órgão de controle ou da entidade auditada, a avaliar as operações ocorridas no período examinado.

---

[71] Ilacif, 1981:284.
[72] Sobre parecer, ver Araújo, 1998.

PROCESSO DE AUDITORIA OPERACIONAL

119

Como o relatório apresenta o resultado do trabalho de auditoria, se as observações e recomendações não forem apresentadas de forma clara e precisa, o trabalho não terá utilidade. O relatório se constitui também no principal instrumento para a avaliação do trabalho realizado. O profissional pode ser de fato um bom auditor, trabalhar com bastante afinco, elaborar bons papéis de trabalho, mas ele certamente será avaliado pela qualidade do relatório que produzir.

Técnica de elaboração de relatórios

Para ter facilidade no momento da confecção do relatório de auditoria operacional e garantir sua qualidade, o auditor deve, basicamente, obedecer às normas e utilizar de forma rigorosa as técnicas de auditoria, sobretudo no que se refere à elaboração de programas e à adequada aplicação dos procedimentos e, conseqüentemente, à preparação de papéis de trabalho criteriosos, de acordo com as padronizações estabelecidas, e que demonstrem a correta obtenção de evidências ou provas.

O relatório de auditoria operacional deve ser elaborado de forma a facilitar a sua leitura e compreensão. Quando de sua confecção, alguns requisitos técnicos devem ser observados. A seguir, comentaremos os principais.

A capa do relatório deve ter leiaute simples, indicando de forma clara e objetiva a natureza do trabalho realizado, assim como o nome da entidade auditada e, de forma discreta, o nome do órgão que realiza a auditoria, além do período examinado. O objetivo da auditoria também deve ser especificado.

O conteúdo do relatório deve ser dividido nas partes a seguir.

❑ Índice: tem como objetivo facilitar a identificação dos pontos abordados e deverá incluir o título do Item ou ponto e a página na qual ele se encontra.

❑ Sumário executivo: breve descrição dos principais pontos contidos no relatório, de modo a despertar a atenção do leitor.

❑ Informações: deve conter os seguintes dados: a) nome da entidade; b) vinculação da entidade, ou seja, secretaria ou ministério a que está vinculada; c) exercício ou período auditado; d) número do processo sob exame; e) nome e endereço do gestor; f) objetivo da entidade; e g) outros dados julgados necessários pelo auditor nas circunstâncias.

120 INTRODUÇÃO À AUDITORIA OPERACIONAL

- Introdução e objetivo do trabalho: esse item deverá abordar aspectos introdutórios, como número do expediente que autoriza a auditoria, normas aplicadas e, principalmente, o objetivo do exame.

- Alcance, fontes de critério e procedimentos: o alcance corresponde à amplitude ou escopo do exame, ou seja, o seu grau de abrangência, apresentando-se os fatores que limitaram o trabalho da auditoria, como não-apresentação de informações, atraso nos registros, ausência ou deficiências significativas de controle etc.

As fontes de critério correspondem a leis, atos, decretos, regulamentos, princípios e normas da administração pública, princípios fundamentais de contabilidade, boas práticas administrativas, entre outros, que forneceram os parâmetros que serviram de base para os exames.

Os principais procedimentos utilizados podem ser assim resumidos: confirmação com terceiros (circularização), inspeções físicas, exame documental, conferência de cálculos, observação, entrevistas etc.

Nesse item, devem ser descritas todas as áreas que foram objeto de exame por parte do auditor.

- Resultado da auditoria: esse tópico é destinado a abordar os pontos significativos, negativos ou não, que foram detectados durante a execução e que são chamados de constatações, achados ou observações de auditoria, devendo ser ordenados preferencialmente por grau decrescente de importância do assunto abordado. Na sua elaboração, o auditor deve estar seguro de que obteve todas as evidências necessárias para apoiar os achados de auditoria e deve também considerar a opinião do auditado.

O ponto deve ser redigido de forma clara e objetiva e ter um encaminhamento lógico. Com a finalidade de facilitar o entendimento do assunto relatado, o auditor deve atentar para o aspecto estrutural na elaboração do relatório. Cada ponto deve conter, em tese, três parágrafos, como segue: a) procedimento em vigor ou situação constatada; b) influências ou conseqüências; e c) sugestões, se aplicáveis.

Ao redigir cada ponto, o auditor deve sempre procurar utilizar períodos curtos e diretos, pois assim é mais fácil alcançar o entendimento do leitor.

- Conclusão: corresponde ao desfecho do trabalho, quando o auditor emitirá, de forma resumida, seus comentários finais sobre os aspectos operacionais.

PROCESSO DE AUDITORIA OPERACIONAL

Requisitos para elaboração de relatórios

Relacionamos a seguir os principais requisitos para a apresentação de um relatório de qualidade.

❏ Importância do conteúdo: o relatório de auditoria operacional só deve conter os fatos julgados importantes pelo auditor, de modo que possam merecer a atenção de seus destinatários. Nessa análise de importância, o auditor deve considerar a relevância da informação para o interessado; o volume de gasto envolvido; a repercussão externa; a contribuição para a melhoria da economia, eficiência e eficácia; a freqüência das ocorrências; e a prática recorrente já identificada em outras auditorias.

❏ Utilidade e oportunidade: a efetividade do relatório de auditoria somente será alcançada se ele for útil para o interessado no que se refere à aplicabilidade das recomendações propostas e se for apresentado de maneira tempestiva, possibilitando a adoção de medidas corretivas por parte da administração. Um relatório de auditoria operacional cuidadosamente preparado pode conter informações de grande valia. Contudo, não será efetivo se não for apresentado oportunamente. O relatório deve ser apresentado nas datas programadas ou determinadas, tanto para permitir o uso das informações disponíveis quanto para que ele tenha eficácia.

Os achados de auditoria operacional que envolverem aspectos relacionados a gastos desnecessários ou indevidos, desperdícios de recurso, práticas ineficientes, ineficazes ou antieconômicas e transações ilegais deverão ser comunicados imediatamente, até mesmo antes da conclusão do relatório final. É o que chamamos de relatório parcial ou mandado informativo, de modo a possibilitar a adoção de medidas corretivas oportunamente.

❏ Cuidado e adequação das provas: na confecção do relatório, o auditor deve ser imparcial, profissional, justo e seguro, transmitindo assim confiabilidade na matéria apresentada. Para tanto é necessário que os achados estejam claramente identificados e comprovados com evidência objetiva suficiente. O auditor não deve olvidar que erros podem gerar dúvidas sobre a adequação das informações apresentadas em todo o relatório.

Todos os achados, conclusões e recomendações apresentados pelo auditor no relatório de auditoria devem estar adequadamente respaldados por evidências constantes nos papéis de trabalho, de modo a garantir a exatidão e razoabilidade das informações. Para isso, faz-se necessária a referenciação de todas as informações contidas no relatório com os respectivos papéis de trabalho.

❏ Convencimento: cada achado deve ter em si a capacidade de persuadir o leitor de sua importância. Portanto, devem ser elaborados de modo convincente. Devem-se evitar expressões do tipo "parece" e "os testes levam a crer", pois deixam transparecer que o auditor não conseguiu obter a devida evidência para sustentar a sua opinião.

Os achados de auditoria devem ser apresentados de maneira convincente, e o auditor precisa estar seguro do que é informado, pois a responsabilidade da prova está no auditor, e não na entidade auditada.

❏ Objetividade: cada achado de auditoria tem de ser redigido com informações suficientes, devendo o auditor resguardar-se contra a tendência de exageros ou ênfases desnecessárias, evitando assim interpretações distorcidas por parte do leitor ou induzi-lo a conclusões inadequadas. Cumpre usar linguagem direta e objetiva.

O relatório de auditoria deve apresentar os achados de maneira clara e objetiva, permitindo ao interessado uma visão adequada do fato ocorrido.

❏ Conteúdo: o relatório de auditoria operacional deve ter conteúdo adequado, incluindo declaração da natureza do exame; relação dos achados com o tamanho e a natureza das atividades ou entidades auditadas; descrição correta dos achados; e ênfase dos aspectos deficientes e satisfatórios.

❏ Clareza e simplicidade: partindo-se do pressuposto de que nem todos os leitores possuem conhecimentos técnicos detalhados sobre os assuntos abordados no relatório, o auditor precisa ser claro e simples na apresentação de suas conclusões. As abreviaturas e termos técnicos desconhecidos ou pouco usados devem ser definidos e explicados. Cumpre evitar linguagem rebuscada, expressões "floreadas" e "chavões".

Quanto mais claro e simples o relatório, maior a probabilidade de que seja efetivo. Sempre que possível, devem-se adotar efeitos visuais, que explicaremos posteriormente.

❏ Inteireza e concisão: cada ponto redigido deve ser completo por si só, porém conciso, ou seja, cumpre evitar excessos de detalhes desnecessários que possam desviar a atenção do leitor do assunto principal.

❏ Tom construtivo: ao redigir o relatório, o auditor deve ter em mente que seu objetivo é obter reações favoráveis aos achados e recomendações. Logo, o auditor tem de enfatizar os aspectos positivos.

PROCESSO DE AUDITORIA OPERACIONAL 123

- Empatia: ao redigir o relatório, o auditor precisa se colocar na posição do auditado e refletir sobre o que deverá ser relatado e como.

- Efeitos visuais: a utilização de gráficos, mapas, infografias e fotografias é recomendada, pois facilita a compreensão por parte do leitor. Contudo, convém evitar exageros.

- Apresentação: as regras gramaticais e as técnicas de redação devem ser observadas com rigor.

Regras gerais para elaboração de relatórios

Quando da elaboração de um relatório de auditoria operacional, o auditor deve ter em mente que ele deve ser bem redigido, completo por si só, claro e de fácil entendimento. Assim, faz-se necessário observar algumas regras fundamentais, a saber:

- utilizar língua culta;
- redigir em linguagem corrente, sem erros gramaticais;
- utilizar linguagem direta;
- evitar a linguagem coloquial;
- evitar linguagem metafórica;
- evitar gírias, chavões e lugares-comuns;
- utilizar a boa expressão: clareza, concisão, correção e elegância;
- evitar termos rebuscados ou difíceis;
- utilizar frases curtas;
- evitar períodos longos;
- evitar idéias primárias ou infantis;
- não dizer o óbvio;
- não fugir da constatação;
- evitar o uso de terminologia especializada; se for necessário usá-la, ela deve ser adequadamente explicada;
- não redigir em caixa alta;
- não misturar minúsculas com maiúsculas;
- respeitar o emprego de maiúsculas; padronizar a letra: nem muito grande, nem muito pequena;

124 INTRODUÇÃO À AUDITORIA OPERACIONAL

- redigir o ponto em três partes básicas: introdução, desenvolvimento e conclusão;
- selecionar os achados por hierarquia;
- valorar os achados;
- considerar o conteúdo dos atributos de um achado;
- explorar o recurso dos exemplos;
- sempre que possível, o ponto de auditoria deve conter três ou quatro parágrafos;
- utilizar uma idéia básica por parágrafo;
- evitar o parágrafo da contradição;
- manter conexão entre os parágrafos;
- distribuir harmoniosamente o número de linhas por parágrafos (4 a 6);
- somente incluir informação pertinente;
- evitar a maledicência;
- não filosofar inutilmente;
- não repetir seguidamente as palavras;
- evitar os circunlóquios desnecessários;
- conferir todas as informações;
- conferir soma;
- referenciar os achados com os papéis de trabalho;
- somente emitir relatório após a sua discussão com o auditado e a sua completa revisão.

Constatação ou achado de auditoria

No transcurso dos seus exames, o auditor pode identificar pontos negativos ou positivos que mereçam ser relatados à alta administração. Esses pontos são denominados, como vimos, constatações, observações ou achados de auditoria. A constatação ocorre quando uma determinada condição não está em sintonia ou em conformidade com um determinado critério. A condição é a situação encontrada pelo auditor, é o fato ocorrido. Já o critério é a situação ideal, esperada, ou, em outras palavras, a situação que deveria ocorrer. A figura 10 demonstra o processo de identificação de um achado:

Figura 10

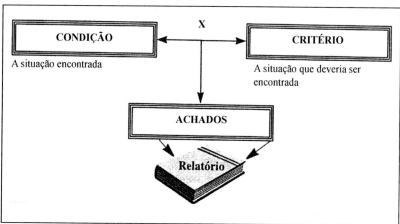

Normalmente, os achados negativos de auditoria se referem a assuntos tais como:

- práticas antieconômicas;
- ineficácia;
- ineficiência;
- desperdícios;
- uso indevido de recursos;
- gastos inadequados;
- descumprimento de leis e outras normas.

Não podemos olvidar que somente os achados significativos devem ser considerados pelo auditor, quando da elaboração do relatório de auditoria.

Desenvolvimento de um achado

O auditor, ao desenvolver um achado de auditoria, deverá necessariamente ter analisado os atributos a seguir:

- Condição — é a verificação do fato ocorrido. É a situação existente, determinada e documentada durante a auditoria. A condição está diretamente relacionada com o grau em que os critérios de auditoria estão sendo obedecidos. Assim, podemos ter as seguintes formas de condição:

126   Introdução à Auditoria Operacional

a) os critérios foram obedecidos satisfatoriamente;

b) os critérios não foram obedecidos;

c) os critérios foram obedecidos parcialmente.

Em suma, a condição representa o que é, o que está acontecendo.

❏ Critério — descrição da situação ideal com base em normas de controle interno, legislação aplicável, princípios fundamentais, boas práticas administrativas, metas e objetivos especificados, padrões de economicidade, de eficiência e de eficácia etc. Representa o parâmetro pelo qual o auditor mede a condição. Corresponde às metas, aos objetivos da atividade ou entidade auditada, bem como às normas relacionadas com o alcance dessas metas e objetivos. Temos os seguintes tipos de critério:

a) disposições escritas — leis, normas procedimentais, regulamentos, manuais, instruções etc.;

b) senso comum;

c) experiência do auditor;

d) opiniões independentes de especialistas;

e) práticas usuais.

Em suma, o critério representa o que deveria ser.

❏ Causas — identificação das razões fundamentais que levaram à ocorrência dos fatos. Representam os motivos pelos quais um desempenho foi inadequado ou não. Da correta identificação das causas depende a correta elaboração de recomendações de forma construtiva. Somente a informação de que o achado ocorreu porque as normas não foram observadas normalmente não convence o interessado na auditoria. As causas típicas apresentadas pela doutrina auditorial são as seguintes:

a) falta de segregação de função;

b) falta de rodízio de empregados;

c) desconhecimento inconsciente;

d) tempo insuficiente para a realização das tarefas;

e) falta de capacitação;

Processo de Auditoria Operacional

f) falta de comunicação;

g) falta de conhecimento dos requisitos;

h) negligência ou descuido;

i) normas inadequadas, inexistentes, obsoletas ou impraticáveis;

j) desobediência consciente das normas;

k) falta de recursos humanos, materiais ou financeiros;

l) falta de honestidade;

m) inadvertência do problema;

n) falta de esforço e interesse;

o) falta de supervisão adequada;

p) falta de vontade para mudança;

q) organização defeituosa;

r) falta de delegação de autoridade;

s) auditoria interna deficiente.

❏ Conseqüências — identificação detalhada dos efeitos provocados pelo fato ocorrido. São os fatos que demonstram a necessidade de ações corretivas em resposta aos problemas identificados. Sempre que possível, o relatório de auditoria operacional deve expressar a conseqüência quantificada em valores monetários ou outra unidade de medida. As conseqüências mais típicas, conforme a Olacefs, são:

a) uso antieconômico ou ineficiente dos recursos humanos, materiais ou financeiros;

b) perdas potenciais de receitas;

c) violação de disposições legais;

d) ineficácia dos trabalhos;

e) gastos indevidos;

f) relatórios sem utilidade, pouco significativos ou imprecisos;

g) controle inadequado dos recursos ou atividades;

h) insegurança na adequação dos trabalhos;

i) desmoralização do pessoal.

128 INTRODUÇÃO À AUDITORIA OPERACIONAL

Em suma, a conseqüência representa o efeito decorrente da diferença entre o que é e o que deveria ser.

❑ Opinião da entidade: relato da posição da organização auditada diante da condição encontrada.

❑ Conclusão: é o posicionamento do auditor após a confrontação da posição encontrada, dos critérios, das causas e das conseqüências e após a opinião da entidade.

❑ Recomendação: sugestões propostas pelo auditor para a regularização da situação encontrada, se aplicável.

No processo de desenvolvimento do achado de auditoria, o auditor deve atentar para a diferença entre causa e conseqüência, pois a linha que as separa é bastante tênue. Se não, vejamos o seguinte:

> Por causa de um prego, perdeu-se a ferradura. Por causa da ferradura, perdeu-se o cavalo. Por causa do cavalo, perdeu-se o cavaleiro. Por causa do cavaleiro, perdeu-se a batalha. Por causa da batalha, perdeu-se a guerra. Por causa da guerra, o povo tem fome.

Após esse breve relato, qual é a causa e qual é a conseqüência?

Com base nesse exemplo, podemos verificar que, para cada condição, teremos uma causa e uma conseqüência, mas que essas poderão ser, respectivamente, causa e conseqüência de uma outra condição. Logo, o auditor deve estar sempre atento para descobrir "qual a causa da causa".

Acompanhamento

Após a discussão dos achados e a entrega do relatório de auditoria, o auditor deve acompanhar a aceitação de suas recomendações, de modo a garantir a eficácia do seu trabalho. A fase de acompanhamento normalmente é realizada no transcurso da auditoria subseqüente, na fase do planejamento, e consiste na ação proativa do auditor, objetivando contribuir para o aprimoramento das operações do auditado.

Não existe na doutrina auditorial a descrição dos procedimentos que devem ser adotados durante essa fase. Contudo, prevalecem todos os requisitos e atributos que o auditor deve seguir quando da realização de seus exames.

Capítulo 8

Avaliação do desempenho (E, E, E) na administração

Na realização de uma auditoria operacional, o auditor governamental se depara com tipos básicos de problemas, a saber:

- ❑ o órgão auditado não estabeleceu de forma clara e objetiva nem metas nem indicadores para os programas;
- ❑ o órgão auditado não possui dados de economicidade e de eficiência que possam ser utilizados para medir e avaliar o desempenho;
- ❑ o órgão auditado não possui instrumentos que permitam a adequada aferição dos resultados alcançados.

Assim, o auditor deve suplantar essas dificuldades procurando compreender de forma clara os objetivos do programa, projeto ou entidade auditada. Essa compreensão deve ser realizada em parceria com o auditado, de modo a possibilitar a interpretação e tradução dos objetivos e a torná-los específicos, o que irá permitir avaliar a economicidade, a eficiência, a eficácia e a efetividade operacional.

Na ausência ou deficiência de dados de avaliação do desempenho, o auditor, juntamente com a administração, deverá procurar instrumentos alternativos para proceder a essa avaliação.

No que se refere à aferição de resultados, o auditor deve elaborar um programa de trabalho de modo que possa responder às seguintes questões:

a) o programa, projeto ou entidade auditados estão alcançando os resultados previstos?

b) o programa, projeto ou entidade auditados estão sintonizados com outros programas, projetos ou entidades com objetivos similares?

c) o programa, projeto ou entidade estão funcionando dentro dos limites razoáveis de custo?

d) os custos incorridos são razoáveis em relação aos benefícios obtidos?

CAPÍTULO 9

Auditoria ambiental*

A partir da sua gênese, o homem vem explorando, muitas vezes de forma predatória, os mais diversos recursos que o meio ambiente[73] oferece, tais como o ar e atmosfera; o clima; o solo e subsolo; as águas interiores e costeiras, superficiais e subterrâneas; os estuários e o mar; a paisagem, a fauna, a flora.

Nos últimos 30 anos a degradação ambiental tem assumido proporções preocupantes, principalmente em decorrência de grandes tragédias para o ecossistema, como, por exemplo:

- explosão em fábrica de produtos químicos, em 1976, em Seveso, Itália, pelo superaquecimento do reator de TCDD, também conhecido como dioxina, ocasionando a liberação do veneno. A fábrica não dispunha de sistema de advertência, nem planos de alarme à população. Segundo dados técnicos, 200 g desse produto são mil vezes mais tóxicas do que cianeto de potássio. Dissolvidos em água, podem provocar a morte de 1 milhão de pessoas;

- vazamento de 40 t de gases tóxicos da empresa Union Carbide, em Bhopal, ocorrido em 1984. Considerado um dos piores crimes corporativos em termos ambientais, esse acidente, conforme dados não-oficiais, vitimou aproximadamente 10,5 mil pessoas nos três primeiros dias após a explosão;

- explosão, incêndio e fusão do reator na usina nuclear de Chernobyl, em 1986, na Ucrânia, que provocaram contaminação radioativa. De 237 trabalhadores envolvidos com o acidente que foram hospitalizados, 134 foram diagnosticados com síndrome aguda de radiação. Oficialmente, 31 pessoas morreram

---

* Este capítulo foi escrito em parceria com o analista de controle externo do Tribunal de Contas do Estado da Bahia Daniel Gomes Arruda.

[73] No Brasil, a Lei Federal nº 6.938, de 31 de agosto de 1981, conceituou o meio ambiente como "o conjunto de condições, leis, influências e interações de ordem física, química e biológica, que permite, abriga e rege a vida em todas as suas formas".

132 INTRODUÇÃO À AUDITORIA OPERACIONAL

devido à participação no combate aos incêndios da unidade; no entanto, milhares de pessoas sofreram e sofrem as conseqüências da exposição à radiação;

❑ vazamento entre 35 mil e 50 mil toneladas de óleo do navio *Exxon Valdez* no Alasca (EUA), em 1989. Além dos estragos na fauna marinha e riscos para os habitantes, a empresa incorreu em prejuízo por volta de US$ 10 bilhões em indenizações e danos à sua imagem;

❑ contaminação por manipulação indevida de um aparelho de radioterapia abandonado, com 19,26 g de cloreto de césio-137 (CsCl), em 1987, na cidade de Goiânia, Brasil, considerada o maior acidente radiológico do mundo. Segundo a Comissão Nacional de Energia Nuclear (Cnen), além de quatro pessoas mortas em decorrência do contato direto, de 112.800 pessoas que foram monitoradas, 129 apresentaram contaminação corporal interna e externa. Os trabalhos de descontaminação produziram 13,4 t de lixo tóxico, armazenados em um depósito na cidade de Abadia de Goiás, vizinha a Goiânia, onde deverá ficar por, pelo menos, 180 anos;

❑ vazamento de 1,3 milhão de litros de óleo de um duto avariado da Petrobras, que contaminou o maior cartão-postal do Brasil — a Baía de Guanabara. O óleo esparramou-se por uma faixa de três quilômetros, atingindo praias e área de proteção ambiental.

A ocorrência desses acidentes, entre outros, aliada à maior consciência ambiental da comunidade internacional, contribuiu para aumentar a adoção, por parte de governos e empresas, de medidas para proteger o meio ambiente de ações degradantes,[74] através da valorização de produtos e ações ecologicamente corretos, bem como para a preocupação com a necessidade de se realizar auditoria ambiental. Por isso, tem-se verificado que, apesar de ainda ser significativa, a

---

[74] Por degradação ambiental, nos termos da Lei do Estado da Bahia nº 7.799, de 7 de fevereiro de 2001, entende-se "qualquer alteração adversa das características do meio ambiente, resultante de atividades que, direta ou indiretamente: a) causem prejuízos à saúde, à segurança e ao bem-estar da população; b) causem danos aos recursos ambientais e aos materiais; c) criem condições adversas às atividades sociais e econômicas; d) afetem as condições estéticas, de imagem urbana, de paisagem, ou sanitárias do meio ambiente; e e) infrinjam normas e padrões ambientais estabelecidos".

AUDITORIA AMBIENTAL

deterioração do ecossistema provocada pela atividade industrial e por políticas públicas inadequadas tem diminuído nos últimos 20 anos. Segundo Sand, apud Machado (2004:96):

> Algumas das maiores corporações transnacionais — ao menos em parte como resposta do choque de Bhopal — agora colocaram em execução auditorias ambientais regulares para assegurar que as exigências dos regulamentos e que as responsabilidades ambientais de longo prazo (como os deveres legais de disposições de rejeitos) sejam acuradamente refletidas nos balanços de suas subsidiárias.

Não obstante, muitos dos esforços despendidos até então por corporações e governos têm sido com medidas reativas, principalmente nos países em desenvolvimento ou subdesenvolvidos. Primeiro se polui ou se deixa poluir para depois investir em ações e equipamentos para a redução dos índices de poluição ou intervenções de porte e de alto custo, tais como obras de saneamento básico e de despoluição de rios, lagos e mares. Um bom exemplo dessa situação é a cidade de Cubatão, em São Paulo, Brasil. Após alcançar índices alarmantes de poluição industrial, essa cidade do ABC paulista adotou uma série de ações para reduzir o impacto ambiental provocado pelas indústrias.

Por outro lado, também se verificam mudanças no comportamento de algumas organizações. Até a década de 1970, segundo Maimon (2003:400), "as empresas dos países desenvolvidos limitavam-se a evitar acidentes locais e cumprir normas de poluição determinadas pelos órgãos governamentais de regulação e controle". A partir dos anos 1980, uma nova realidade ambiental ganha corpo, principalmente em razão de:

- preferência do mercado consumidor por produtos ecologicamente corretos, chamados de *environment friendly*;
- maior preocupação com as questões ambientais por parte de organismos multilaterais de financiamento;
- papel das organizações não-governamentais ligadas à questão ambiental;
- indenizações significativas em face de crimes ambientais;
- novas tecnologias para a redução dos índices de poluição;
- maiores exigências nas legislações ambientais de vários países.

Portanto, diante da necessidade de enfrentar as barreiras impostas pelo mercado internacional aos produtos ecologicamente incorretos, assim como

134   INTRODUÇÃO À AUDITORIA OPERACIONAL

em função de pressões de agências internacionais financiadoras e da maior consciência ambiental por parte dos consumidores, muitas organizações têm se preocupado em evidenciar os investimentos com a preservação e em gestão ambiental, saindo de uma posição passiva e reativa para uma situação proativa e criativa.

É salutar que essas ações sejam divulgadas, preferencialmente em conjunto com as demonstrações contábeis das organizações — o que se tem convencionado rotular de contabilidade ambiental ou contabilidade verde — que também devem ser auditadas, constituindo uma das vertentes da auditoria ambiental.

A contabilidade ambiental é o ramo da ciência contábil que está voltado para desenvolver técnicas para o registro, controle e demonstração dos fatos que afetam o patrimônio ambiental, englobando os ativos e passivos ambientais. Essa divulgação deve ser realizada no âmbito das demonstrações contábeis usuais, com ênfase nas notas explicativas, complementadas em relatórios específicos.

No âmbito da contabilidade governamental brasileira ainda não foram desenvolvidos parâmetros específicos para se registrar os ativos e passivos ambientais.

Apesar de a Constituição Federal, art. 225, ter considerado o meio ambiente ecologicamente equilibrado como um bem de uso comum, e, conseqüentemente, nos termos do Código Civil, bem público, não são observados no balanço patrimonial do setor governamental registros específicos ou mesmo comentários em notas explicativas das intervenções econômicas realizadas pelo poder público nesses bens.

É nesse contexto atual que a auditoria ambiental assume um papel de destaque — nos setores público e privado — pois muitas empresas adotaram uma nova postura e conduta em seus negócios, objetivando identificar os seus pontos vulneráveis, de modo a solucioná-los e, com isso, terem mais competitividade e maior projeção social. De igual modo, no setor público a aprovação de projetos de infra-estrutura e a liberação de financiamento por organismos internacionais dependem de estudos de impacto ambiental, carecendo também essas iniciativas de revisão auditorial. A execução desses projetos também deve ser auditada observando-se critérios ambientais, assim como devem ser auditados os resultados alcançados pelas instituições públicas responsáveis pelo acompanhamento da política ambiental.

AUDITORIA AMBIENTAL   135

Não se pode olvidar que a auditoria ambiental, no que se refere exclusivamente à avaliação da gestão ambiental, não é um novo tipo de auditoria, mas uma auditoria operacional com escopo direcionado — questões ambientais. Portanto, necessário se faz observar os requisitos técnicos e normativos essenciais para se conduzir esse tipo de trabalho, seja no âmbito público, seja no privado.

Conceito

Retornando à tipificação proposta no capítulo 2, enquanto a auditoria contábil está restrita às demonstrações contábeis e outros assuntos financeiros, a auditoria operacional pode se restringir a uma área específica ou pode envolver os mais diversos setores, abarcando também a gestão ambiental, que, no setor público, segundo os dizeres de Lima-e-Silva e colaboradores (2002:124), está relacionada com "a condução, direção e controle pelo governo do uso dos recursos naturais, através de seus instrumentos formais como as leis, regulamentos, taxas, tributação, etc.".

Para Harrington (2001:29) a gestão ambiental:

> Identifica os aspectos ambientais e os impactos de suas atividades, produtos e serviços; desenvolve políticas, objetivos e metas para administrá-los; aloca os recursos necessários para uma implementação eficaz; mede e avalia o desempenho e revê e examina suas atividades com vista no aperfeiçoamento. A gestão ambiental é tida como investimento, como uma forma de reduzir o custo das operações e aumentar a receita.

Auditoria ambiental objetiva verificar se as políticas, práticas e procedimentos adotados por uma entidade, programa ou ação, em qualquer nível, estão compatíveis com a legislação ambiental e outras normas relacionadas, contribuindo para evitar a degradação do meio ambiente — "conjunto de condições, leis, influências e interações de ordem física, química e biológica, que permite, abriga e rege a vida em todas as suas formas".

No contexto da gestão ambiental, a auditoria ambiental é parte integrante do processo gerencial indispensável para que a administração — pública e privada — cumpra seus objetivos primando pela observação dos conceitos de conservação, preservação, defesa e melhoria do meio ambiente, ou seja, desenvolvimento sustentável.

136   INTRODUÇÃO À AUDITORIA OPERACIONAL

Considerar a auditoria ambiental, no que tange à avaliação da gestão ambiental, como uma das formas da auditoria operacional não é, vale mencionar, um pensamento novo.

A auditoria ambiental também pode ser conceituada como a verificação objetiva, independente e sistemática, com a coleta de evidências, devidamente documentada em papéis de trabalho, de modo a possibilitar comentários sobre se o sistema de gestão ambiental ou o comportamento ambiental de uma entidade estão satisfazendo às disposições legais e regulamentares estabelecidas, se esse sistema foi implantado de forma efetiva e se os objetivos ambientais fixados têm sido alcançados.

Consoante Maimom (2003:403), a auditoria ambiental é:

> um instrumento de gestão que compreende uma avaliação sistemática, documentada, periódica e objetiva sobre a organização, a gestão e os equipamentos ambientais, visando auxiliar a resguardar o meio ambiente, facilitando a gestão do controle das práticas ambientais e avaliando a compatibilidade com as demais políticas da empresa.

Nos termos dos Princípios Gerais das Diretrizes para auditoria ambiental aprovados pela Organização Internacional de Normalização (ISSO),[75] na ISO 14010, a auditoria ambiental é:

> Processo sistemático e documentado de verificação executado para obter e avaliar, de forma objetiva, evidências de auditorias para determinar se as atividades, eventos, sistemas de gestão e condições ambientais especificadas ou informações relacionadas a eles estão em conformidade com os critérios de auditoria.

A auditoria ambiental é uma atividade recente, tendo sido inicialmente adotada na década de 1970 em empresas americanas, em decorrência de imposições normativas e de graves acidentes ambientais. Daí, talvez, o ainda reduzido número de livros e trabalhos acadêmicos sobre o tema.

---

[75] Organização não-governamental que conta com mais de 100 membros, entre eles a Associação Brasileira de Normas Técnicas (ABNT), constituída em 1947 para a padronização internacional de normas.

AUDITORIA AMBIENTAL   137

O termo auditoria ambiental tem sido normalmente encontrado na literatura internacional da seguinte forma:

- no francês: *audit d'environnement; vérification environnementale*;
- no inglês: *eco-audit; eco-auditing; environmental audit*;
- no espanhol: auditoria ambiental, *ecoauditoría*.

Um dos conceitos mais abrangentes de auditoria ambiental foi apresentado por Sales (2001:25):

> Auditoria ambiental pode ser genericamente definida como o procedimento sistemático através do qual uma organização avalia suas práticas e operações que oferecem riscos potenciais ao meio ambiente e à saúde pública, para averiguar sua adequação a critérios preestabelecidos (usualmente requisitos legais, normas técnicas e/ou políticas, práticas e procedimentos desenvolvidos ou adotados pela própria empresa ou pela indústria a qual pertence). Nesse contexto, o termo "ambiental" geralmente inclui os aspectos de saúde e segurança no trabalho. Este processo se utiliza de alguns princípios e técnicas de verificação das auditorias financeiras e auditorias operacionais. Trata-se de um processo de avaliação por amostragem, por meio do qual são analisados os aspectos ambientais mais relevantes da unidade auditada.

Contudo, que o marco referencial para a conceituação da auditoria ambiental no setor privado foi a adoção da Policy on Environmental Auditing, em 1986, pela Agência de Proteção Ambiental (Environmental Protecting Agency — EPA) do governo americano. Consoante as políticas aprovadas, a auditoria ambiental é "uma revisão sistemática, documentada, periódica e objetiva por parte das entidades reguladas sobre as práticas e operações de suas instalações relativas ao cumprimento de requisitos ambientais".

Baseado na definição estabelecida pela EPA, a auditoria ambiental pode ser analisada sobre dois prismas, a saber:

- auditoria de conformidade (*compliance auditing*): é a verificação da fiel observância dos preceitos legais relacionados à proteção do meio ambiente;
- auditoria de sistema de gestão: é a verificação da gestão ambiental do ente auditado, tendo como critérios as políticas, procedimentos de controle interno e outras práticas do sistema de gestão.

O processo da auditoria ambiental é semelhante ao da auditoria contábil, pois originalmente "profissionais de empresas de auditoria contábil desenvolvem metodologia para mensurar e apresentar, em seus relatórios, informações fidedignas sobre atividades impactantes ao meio ambiente", conforme Almeida e colaboradores (2002:31). Todavia, há diferença de objeto (demonstrações contábeis para a auditoria contábil e práticas de gestão ambiental para a auditoria ambiental) e de objetivo (emissão de parecer sobre a adequação das demonstrações contábeis para a auditoria contábil e reportar as conformidades ou não das práticas de gestão com os critérios legais e normas administrativas para a auditoria ambiental).

A Arthur D. Little, Inc., empresa de consultoria sediada em Cambridge, MA, Estados Unidos, apresentou algumas comparações entre a auditoria financeira e a ambiental no setor privado, conforme Sales (2001:74-75):

	Algumas comparações entre a auditoria financeira e a ambiental	
	Auditoria contábil	**Auditoria ambiental**
Necessidades e objetivos	O órgão responsável requer certificação independente das demonstrações contábeis. Deve ser executada por parte desinteressada funcionando ao alcance da gerência/ diretoria executiva da empresa. (Obs.: certificação de cumprimento *não é* um aspecto relevante.)	A gerência/diretoria executiva da empresa deseja certeza, e, em alguns casos, certificação de cumprimento dos aspectos ambientais. (Obs.: não há, ainda, uma declaração ambiental da empresa a ser auditada.)
Maturidade do conceito	A prática de auditoria contábil experimentou 40 anos de evolução. Apesar de o campo ser relativamente estável, novas interpretações e alterações nos padrões e procedimentos e sistemas, baseadas nas mudanças nas práticas financeiras, continuam a ser desenvolvidas.	O conceito primeiramente emergiu durante a metade da década de 1970. Espera-se que siga um caminho similar à auditoria contábil, mas em período muito menor. Dessa forma, um processo evolutivo mais dinâmico no desenvolvimento de padrões, procedimentos e diretrizes pode ser esperado.
Funções da auditoria	1. Verificar a existência de padrões e certificar-se de que os processos de contabilidade são apropriados a esses padrões.	1. Verificar o cumprimento de regulamentos federais, estaduais e locais;

Continua

AUDITORIA AMBIENTAL

139

Algumas comparações entre a auditoria financeira e a ambiental		
	Auditoria contábil	**Auditoria ambiental**
	2. Certificar a exatidão dos registros contábeis da empresa.	2. Verificar a conformidade com políticas e procedimentos internos; 3. Acessar os sistemas de gerenciamento ambiental existentes, para assegurar que as políticas e procedimentos são seguidos, bem como a adesão às regulamentações delas são obedecidas.
Padrões utilizados na auditoria	Os promulgados pelo Financial Accounting Standards Board.*	Regulamentos e padrões promulgados por várias agências reguladoras ambientais, além das políticas estabelecidas pela diretoria ou gerência da empresa. Atualmente não existem padrões para auditoria ou verificação ambiental. (Obs.: padrões poderiam envolver processos para testes, amostragens, análises estatísticas, necessidades de reportar etc.)
Sistemas de informações que podem ser sujeitos a auditoria	Sistemas financeiros e de contabilidade detalhados e coordenados, incluindo: créditos, inventário, custos de produção, vendas, administrativo etc.	Vários tipos de informação ambiental, tais como: dados sobre controle ambiental, dados sobre acidentes, dados sobre saúde ocupacional etc.
Sistemas de relatórios auditados	Relatórios financeiros externos e internos, tais como: balanços, declarações de faturamento e declarações sobre mudanças na posição financeira.	Agências reguladoras têm requisitado relatórios referentes a permissões específicas, termos de ajustamento, não-conformidades. Além disso, muitas empresas desenvolveram sistemas ainda mais restritos que os estabelecidos pelas agências reguladoras, para atender a necessidades da corporação.
Formato do relatório da auditoria de verificação	Tipicamente, um relatório padronizado de duas seções (primeiro escopo, depois opinião): opiniões limpas, qualificadas, contrárias e ressalvas.	Um relatório sobre as constatações e recomendações à gerência e uma declaração de avaliação à diretoria.

Fonte: Arthur D. Little, Inc.

* No Brasil, têm prevalecido as normas de auditoria e contabilidade aprovadas pelo Conselho Federal de Contabilidade (CFC).

Campo de atuação

No setor privado

No setor privado, a auditoria ambiental normalmente atua sob duas formas distintas: a gestão e a contabilidade ambiental, conforme demonstrado na figura 11.

Figura 11
Formas de atuação da auditoria ambiental

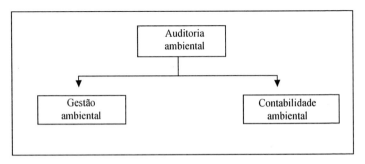

Auditoria da gestão ambiental

A auditoria da gestão ambiental está relacionada com a verificação das políticas ambientais adotadas por uma organização, tendo como parâmetros normas internas ou normas externas impostas por legislação específica ou de observância de caráter voluntário, como, por exemplo, as Normas de Desempenho de Auditoria Ambiental e de Saúde e Segurança Ocupacional, aprovadas por 90% dos membros da Environmental Auditing Roundtable (EAR), a Standard for Regulatory Compliance Auditing, aprovada pela American Society for Testing and Materials (ASTM) e a série ISO 14000.

Tinoco e Kraemer (2004:117) ensinam que as auditorias ambientais permitem: determinar a conformidade dos elementos do Sistema de Gestão Ambiental (SGA) com os requisitos do referencial utilizado; determinar a eficácia do SGA implementado para cumprir com os objetivos especificados; identificar oportunidades de melhoria; verificar a conformidade legal; reconhecer o SGA por entidades externas (certificação).

AUDITORIA AMBIENTAL

Segundo Sales (2001:95), a auditoria ambiental pode ser aplicada em três grupos distintos:

i) instrumento de uso interno das empresas, utilizado principalmente pelas indústrias como uma das medidas destinadas a controlar os aspectos ambientais de suas atividades;

ii) instrumento das ações de controle a cargo das autoridades ambientais (seja como uma imposição a ser cumprida pelas empresas, seja como um elemento a ser considerado pelas autoridades ao decidirem pelo tipo de ação de controle a ser implementada contra determinada empresa ou pela graduação da pena a ser aplicada, seja até mesmo como um método de fiscalização ou avaliação das empresas a ser utilizado pelos agentes ambientais); e

iii) instrumento de uso externo por terceiros interessados no desempenho ou em condições ambientais de empresas e propriedades, tais como potenciais compradores, investidores, instituições financeiras ou de seguros, e comunidades afetadas por determinado empreendimento ou atividade.

Alguns autores afirmam que a auditoria ambiental não pode se limitar apenas a verificar se o auditado está atuando em conformidade com as normas estabelecidas. Ela deve ser mais abrangente, adentrando na avaliação do impacto ambiental, incluindo análise das medidas para proteção dos empregados — ambiente de trabalho ecologicamente saudável — e da comunidade no entorno das instalações industriais, assim como a avaliação da qualidade dos produtos ecologicamente corretos. É o que se tem comumente chamado de auditoria ecológica, que, nos termos da definição apresentada pelo Elmwood Institute,[76] citada por Callenbach e colaboradores (1993:94), corresponde ao:

> exame e a revisão das operações de uma empresa da perspectiva da ecologia profunda, ou do novo paradigma. É motivada por uma mudança nos valores da cultura empresarial, da dominação para a parceria, da ideologia do crescimento econômico para a ideologia da sustentabilidade ecológica. Envolve uma mudança correspondente do pensamento meca-

---

[76] O Elmwood Institute é uma instituição educacional fundada por Fritjof Capra, em 1984, que objetiva promover a instrução ecológica básica, compreendendo: pensamento sistêmico, conhecimento dos princípios ecológicos e prática de valores ecológicos.

142 INTRODUÇÃO À AUDITORIA OPERACIONAL

nicista para o pensamento sistêmico e, por conseguinte, um novo estilo de administração conhecido como administração sistêmica. O resultado de uma ecoauditoria é um plano de ação para minimizar o impacto ambiental da empresa e fazer com que todas as suas operações sejam mais ecologicamente corretas.

Nesses moldes, normalmente a auditoria ambiental é realizada por auditores internos ou auditores contratados exclusivamente para esse fim.

Auditoria da contabilidade ambiental

A contabilidade objetiva registrar, acumular, resumir e interpretar os fenômenos que afetam as situações patrimoniais, financeiras e econômicas de qualquer ente, contudo deve buscar também atender ao desafio de prestar informações para a sociedade sobre as questões ambientais. A inserção de aspectos ambientais entre os objetivos de uma organização amplia, de forma considerável, o campo de atuação da contabilidade. É o que se denomina contabilidade ambiental.

Frise-se que a contabilidade ambiental passou a ser considerada uma nova vertente da ciência contábil em fevereiro de 1998, com a publicação do *Relatório financeiro e contábil sobre o passivo e custos ambientais* pelo Grupo de Trabalho Intergovernamental das Nações Unidas de Especialistas em Padrões Internacionais de Contabilidade e Relatórios.

Por seu turno, a auditoria da contabilidade ambiental está voltada para expressar uma opinião sobre a adequação das informações divulgadas pela organização relacionadas aos ativos e passivos ambientais.

Os conceitos desses ativos e passivos foram originalmente apresentados no Brasil pelo Instituto Brasileiro dos Auditores (Ibracon), na NPA nº 11 — Balanço e Ecologia:

> 6. A configuração dos elementos patrimoniais que compreendem os ativos ambientais deve, na contabilidade das empresas, ser apresentada sob títulos e subtítulos específicos, nas demonstrações apresentadas.
>
> 7. Em linhas gerais, são componentes dos ativos ambientais o imobilizado, no que se refere aos equipamentos adquiridos visando à eliminação ou redução de agentes poluentes, com vida útil superior a um ano; os gastos com pesquisas e desenvolvimento de tecnologias

Auditoria Ambiental

a médio e longo prazos, constituindo, a rigor, valores integrantes do ativo diferido, se envolverem benefícios e ação que se reflitam em exercícios futuros; e, os estoques, quando relacionados com insumos do processo de eliminação dos níveis de poluição. Também integram o ativo ambiental componentes representados por empregos e impostos gerados, obras de infra-estrutura local, escolas, creches, áreas verdes e ajardinadas. Enfim, buscando o desenvolvimento e a valorização da região, e que, eliminando o passivo ambiental, a empresa produz ativos no local.

(...)

9. O passivo ambiental pode ser conceituado como toda agressão que se praticou/pratica contra o meio ambiente e consiste no valor dos investimentos necessários para reabilitá-lo, bem como multas e indenizações em potencial.

10. Uma empresa tem passivo ambiental quando ela agride, de algum modo e/ou ação, o meio ambiente, e não dispõe de nenhum projeto para sua recuperação, aprovado oficialmente ou de sua própria decisão.

O Comitê Internacional de Práticas de Auditoria (Ipac), no Relatório Internacional de Prática de Auditoria 1010: A Consideração de Matérias Ambientais na Auditoria de Relatórios Financeiros, março de 1998, estabelece que algumas informações relacionadas com as questões ambientais podem ser consideradas nas demonstrações contábeis, a saber:

- ❏ iniciativas para impedir, reduzir ou remediar danos ao meio ambiente ou assegurar a conservação de recursos renováveis e não-renováveis (tais iniciativas podem ser exigidas por leis e regulamentos ambientais ou por contrato, ou podem ser empreendidas voluntariamente);
- ❏ conseqüências da violação de leis e regulamentos ambientais;
- ❏ conseqüências dos danos ambientais causados a terceiros ou aos recursos naturais; e

144 INTRODUÇÃO À AUDITORIA OPERACIONAL

❑ as conseqüências da responsabilidade substitutiva imposta pela lei (por exemplo, a responsabilidade por danos causados pelo proprietário anterior).

Segundo Tinoco e Kraemer (2004:63), as questões ambientais, ecológicas e sociais, hoje presentes nos meios de comunicação, vêm fazendo com que os contadores e os gestores empresariais passem a considerá-las nos sistemas de gestão e de contabilidade, dando ensejo ao reconhecimento da contabilidade ambiental. Todavia, essa contabilidade é ainda muito pouco utilizada nas empresas, mesmo no contexto mundial.

No setor público

No setor público, uma pergunta que pode ser feita é como um órgão de controle externo governamental irá atuar, no âmbito de suas competências constitucionais, na realização de auditorias ambientais, em face, precipuamente, das particularidades desse contexto.

Segundo Villela (2004:6):

> As cortes de contas, portanto, à sua atividade habitual de zelar pelo correto uso da coisa pública, verificando a adequação e alinhamento dos contratos da administração, devem aliar o exame da conformidade desses mesmos contratos com a legislação ambiental.
>
> Da mesma forma, as auditorias realizadas em obras públicas que possam acarretar intervenções físicas no meio ambiente devem considerar possíveis impactos ambientais.

Consoante Ribeiro e Oliveira (2003:32), além de realizar auditoria operacional nas organizações públicas que cuidam do meio ambiente — organismos governamentais de proteção ambiental — e auditoria ambiental propriamente dita, os órgãos de controle externo do setor governamental podem inserir critérios ambientais em suas auditorias, principalmente no exame de programas e projetos e das contas de entidades públicas que ocasionem prejuízos ou que possam vir a impactar o meio ambiente.

Com efeito, a utilização de critérios ambientais nas realizações de auditorias regulares (contábeis) e operacionais, além de ser a forma mais objetiva para os órgãos de controle público, se adotados cuidados especiais para evitar conflitos

Auditoria Ambiental

de competências com organizações públicas de controle do meio ambiente, vai ao encontro da própria amplitude da auditoria governamental, seja contábil, seja operacional, que não pode ficar restrita às questões orçamentárias, financeiras e legais, enveredando, sim, na análise das questões ambientais. Outro não é o entendimento de Ribeiro e Oliveira (2003:32), que afirmam:

> A avaliação de desempenho (operacional ou de programas) de entidades que tenham responsabilidades diretas com a conservação do meio ambiente representa uma ferramenta interessante por possibilitar a avaliação da implementação das políticas públicas na área. Porém, por uma característica muito específica desse campo de estudo, sua interdisciplinaridade e seu impacto em praticamente todos os projetos, essa ferramenta de auditoria, apesar de ampla, não abarca toda a complexidade do problema. O controle e a avaliação do efeito focal da política, pelas características do tema, não permitem avaliar as questões como um todo.
>
> A auditoria ambiental tem caráter mais focal ainda; ela avalia o impacto e as implicações ambientais de determinada atividade, obra ou projeto. Exercida por órgãos de controle externo podem representar duplicidade de esforços, uma vez que normalmente já são efetuadas ou por órgãos de controle específicos (Ibama, secretarias de Meio Ambiente etc.) ou por auditorias independentes.
>
> *A inserção de critérios ambientais em avaliações parece-nos a ferramenta razoável para cobrir as lacunas de análise, principalmente se observadas nas auditorias de desempenho de todos os órgãos da administração.*
>
> A possibilidade de integrar a questão ambiental à avaliação de desempenho das diversas áreas é a oportunidade de dar a dimensão mais próxima da realidade ao problema enfrentado: entender que grande parte dos problemas humanos ou são decorrentes ou têm impacto no ambiente, entender que, se não houver visão ampla e integrada do processo, não se chega às causas do problema; enfim, entender que o paradigma cartesiano não pode ser indiscriminadamente aplicado em todos os casos.
>
> A utilização integrada dessas ferramentas pode garantir visão ampla e completa do problema; é necessária a construção de um sistema que trate esses dados e que possa emitir análises conjuntas com todos os órgãos e as entidades que estejam trabalhando na área (grifo nosso).

146

INTRODUÇÃO À AUDITORIA OPERACIONAL

Em entrevista concedida à *Revista do Tribunal de Contas do Município do Rio de Janeiro*, o jurista Bernardo Cabral,[77] ao ser questionado sobre como e até onde os tribunais de contas podem interferir na questão ambiental e se poderia ocorrer conflito de competências com outros órgãos públicos, assim se manifesta:

> Acredito que não, pois o Tribunal de Contas da União, ao exercer sua função na área ambiental, deve cingir suas atividades às competências legais e constitucionais que lhe foram outorgadas.
>
> Essas competências configuram o controle da gestão ambiental, que inclui a verificação da ação de governo com relação a normas e regras ambientais e da legitimidade, eficiência e economicidade da utilização de recursos alocados para o alcance dos objetivos dessa gestão, além da avaliação de sua eficiência e efetividade.

Esse entendimento está em sintonia com a Portaria nº 383, de 5 de agosto de 1988, do Tribunal de Contas da União (TCU), que aprovou a estratégia de atuação para o controle da gestão ambiental, entendida como "o conjunto de ações que visem à adequada utilização do meio ambiente".

Nos termos do art. 3º da citada portaria, o controle da gestão ambiental será efetuado:

> I — por meio da fiscalização ambiental de:
>
> a) ações executadas por órgãos e entidades do Sistema Nacional de Meio Ambiente — Sisnama;
>
> b) políticas e programas de desenvolvimento que potencial ou efetivamente causem degradação ambiental.
>
> II — por meio da inserção do aspecto ambiental na fiscalização de:
>
> a) políticas e programas de desenvolvimento que potencial ou efetivamente causem degradação ambiental;
>
> b) projetos e atividades que potencial ou efetivamente causem impactos negativos diretos ao meio ambiente.

---

[77] *Revista do TCMRJ*, v. 21, n. 27, p. 9, ago. 2004.

AUDITORIA AMBIENTAL

III — por meio da inserção do aspecto ambiental nos processos de tomadas e prestações de contas de órgãos e entidades:

a) integrantes do Sistema Nacional de Meio Ambiente — Sisnama;

b) responsáveis pelas políticas, programas, projetos e atividades a que se refere o inciso anterior.

É oportuno registrar que toda essa argumentação está de acordo com a definição conceitual da auditoria ambiental adotada no XV Congresso Internacional das Entidades Fiscalizadoras Superiores (XV Incosai), realizado sob os auspícios da Intosai, na cidade do Cairo, Egito, no período de 25 de setembro a 2 de outubro de 1995, com os seguintes princípios básicos subjacentes a essa definição:

❑ a auditoria ambiental não é significativamente diferente de uma auditoria normalmente realizada por um órgão de controle externo;

❑ a auditoria ambiental pode ser incluída nas auditorias contábeis, de cumprimento e de desempenho ou operacional. As auditorias operacionais normalmente abrangem os três Es de economicidade, eficiência e eficácia;

❑ a adoção de um quarto E — *environment* (ecossistema) — depende muito das competências do órgão de controle externo e das políticas ambientais de seu governo;

❑ o conceito de desenvolvimento sustentável pode formar parte da definição, sempre que seja parte das políticas governamentais e/ou do programa a ser auditado.

Além disso, consoante o site <www.environmental-auditing.org>, o Grupo de Trabalho sobre Auditoria Ambiental (WGEA) da Intosai elaborou estudo, submetido a aprovação como documento oficial da Intosai em reunião dessa organização, ocorrida em outubro de 2004, em Budapeste, Hungria.

Em resumo, esse estudo destaca que a auditoria ambiental pode ser incluída nas atividades de auditoria contábil e de conformidade realizadas por entidades fiscalizadoras superiores. Frise-se que, originalmente em 2000, no documento "Orientação para a Realização de auditorias de atividades com uma perspectiva ambiental" o WGEA definia que as questões ambientais poderiam ser abordadas nas auditorias contábeis, de conformidade e operacional.

148 INTRODUÇÃO À AUDITORIA OPERACIONAL

Nos termos do citado documento, o auditor, quando do exame das questões ambientais, na execução dos três tipos de auditoria, poderá adotar os procedimentos a seguir:

❑ Nas auditorias contábeis:

a) verificar se existem iniciativas para prevenir, diminuir ou remediar os danos ambientais;

b) examinar a preocupação com a conservação de recursos renováveis e não-renováveis;

c) verificar as conseqüências da violação de leis e regulamentos ambientais;

d) avaliar as conseqüências da responsabilidade substitutiva imposta pelo Estado.

❑ Nas auditorias de conformidade:

a) examinar se as atividades governamentais estão sendo conduzidas de acordo com as leis, normas e políticas ambientais relevantes nacionais e internacionais;

b) examinar a conformidade com as normas de contabilidade e regulamentos financeiros.

❑ Nas auditorias operacionais:

a) verificar se os indicadores de desempenho relacionados ao meio ambiente foram observados;

b) avaliar se os programas ambientais foram conduzidos de modo econômico, eficiente e eficaz.

Com efeito, considerar os aspectos ambientais em auditorias realizadas pelas cortes de contas não pode ser considerada matéria nova e dependente de qualquer regulamentação.

Somente para fins ilustrativos e históricos, em 16 de janeiro de 1990 foi concluída auditoria pelo Tribunal de Contas do Estado da Bahia, que objetivou verificar as condições operacionais da Barragem de Pedra do Cavalo,[78] durante

---

[78] A Barragem de Pedra do Cavalo foi um empreendimento realizado pelo estado da Bahia, Brasil, no rio Paraguaçu objetivando conter cheias que periodicamente danificavam seriamente as cidades históricas Cachoeira e São Félix; proporcionar a captação e adução de água para as cidades de Salvador e Feira de Santana; gerar energia e desenvolver atividades econômicas, como a piscicultura no lago formado pela barragem.

o período de cheias, na Bacia do Paraguaçu, assim como avaliar o desempenho do corpo técnico responsável pelo gerenciamento da barragem. Essa auditoria foi motivada em decorrência da enchente ocorrida nos municípios de Cachoeira e de São Félix no final de 1989, com sérios danos econômicos e ambientais para a população ribeirinha.

O Pleno do Tribunal de Contas do Estado, à unanimidade, em sessão realizada em 8 de fevereiro de 1990 recomendou que fossem "adotadas urgentes medidas para correção das falhas operacionais apuradas para melhor capacitação técnica e material da barragem, a fim de enfrentar os eventos de natureza e, na impossibilidade de evitar graves danos à população, ao menos, amenizá-los". Recomendou-se, ainda, aos responsáveis pela barragem, que fossem verificadas, também no prazo de 30 dias, a sua estrutura e operacionalidade, no sentido de se examinar a existência de seqüelas da enchente que possam afetar o seu perfeito funcionamento. Eis um exemplo prático de uma vertente da auditoria ambiental no setor público.

Desenvolvimento

Apesar de não haver consenso sobre o marco inicial da auditoria ambiental, trabalhos apontam que esse tipo de atividade começou a ser praticado no início da década de 1970, por grandes companhias americanas, devido à necessidade de se avaliar e aprimorar a observância das leis promulgadas no final da década de 1960, nos Estados Unidos.

Corroborando essa afirmação, Sales (2001:25) informa que um relatório elaborado pela empresa Arthur D. Little, Inc. para a Agência de Proteção Ambiental americana destaca que "em 1976, a Pennsylvania Power and Light Company tornou-se uma das primeiras companhias geradoras de energia nos Estados Unidos a estabelecer voluntariamente um programa interno de auditoria ambiental".

O citado autor afirma também que é importante a leitura de Barzotti (1984), onde está indicado que o programa de auditoria da General Motors se iniciou em novembro de 1972.

Não obstante existirem outras opiniões sobre o surgimento da auditoria ambiental, o que tem prevalecido é que ela decorre da necessidade inicial de se verificar o cumprimento de normas legais ambientais.

150 INTRODUÇÃO À AUDITORIA OPERACIONAL

Gregg apud Sales (2001:27) afirma que:

> há uma relação entre o desenvolvimento histórico da auditoria ambiental nos Estados Unidos e a cronologia da legislação ambiental americana. (...) Assim, na medida em que o público americano, através do Congresso, exigiu mais e mais leis ambientais, (...) a indústria reagiu através do desenvolvimento da auditoria ambiental como forma de gerenciar e cumprir com a crescente complexidade de requisitos legais.

Posteriormente, a auditoria ambiental ultrapassou a fronteira da conformidade, passando a ser considerada também um instrumento gerencial para: a) tornar os processos operacionais mais eficientes, reduzir custos através da seleção de matérias-primas mais econômicas e ecologicamente corretas; b) aproveitar racionalmente os subprodutos e sucatas; c) aumentar o número de consumidores, em face do chamado mercado verde;[79] d) reduzir os riscos ambientais, amenizando a probabilidade de contingências; e) divulgar a imagem da corporação como empresa preocupada com o meio ambiente; f) favorecer a contratação de empréstimos internacionais; g) contribuir para a melhoria das condições de vida da sociedade.

Outro aspecto de relevância para o desenvolvimento da auditoria ambiental foi a aprovação dos Princípios Valdez,[80] após o acidente ecológico provocado pelo petroleiro *Exxon Valdez*, a saber:

> (i) proteção da biosfera; (ii) uso sustentável de recursos naturais; (iii) redução e descarte de resíduos; (iv) conservação de energia; (v) redução de riscos; (vi) produtos e serviços seguros; (vii) restauração ambiental; (viii) informação ao público; (ix) comprometimento gerencial; (x) auditoria ambiental e divulgação.

---

[79] Mercado consumidor que prefere adquirir produtos que sejam elaborados sem provocar impactos ambientais.

[80] Atualmente denominados Princípios Ceres. Representam um código de conduta ambiental de aplicação voluntária desenvolvido pela Coalition for Environmentaly Responsible Economics (Ceres — Coalizão para a Economia Ambientalmente Responsável), que é uma organização não-governamental que orienta investidores sobre desempenho ambiental de corporações. Os Princípios Valdez ou Ceres objetivam estabelecer um padrão básico de responsabilidade ambiental de adoção voluntária por parte das empresas.

AUDITORIA AMBIENTAL

Segundo Sales (2001:29), o Ceres (Environmentaly Responsible Economics), ao elaborar esses princípios, objetiva "encorajar as empresas a adotar programas positivos para prevenir degradação ambiental, assistir as empresas no estabelecimento de políticas e permitir que os investidores e outros possam avaliar o desempenho ambiental das empresas".

A promulgação da série ISO 14000 também em muito contribuiu para o desenvolvimento da auditoria ambiental.

Com efeito, após a elaboração da série ISO 9000 sobre programas de qualidade, a Organização Internacional de Normalização (ISO), preocupada com a uniformização das ações voltadas para a proteção ambiental, em 1993 criou um comitê técnico para elaborar padrões internacionais para gestão ambiental que permitissem a certificação de empresas e produtos. Esses padrões que se aplicam às atividades industriais, extrativas, agroindustriais e de serviços foram denominados série ISO 14000.

Para alcançar o seu objetivo, o comitê foi dividido em seis subcomitês técnicos:

- SC1 — Subcomitê de Gerenciamento Ambiental;
- SC2 — Subcomitê de Auditoria Ambiental;
- SC3 — Subcomitê de Rotulagem Ambiental;
- SC4 — Subcomitê de Avaliação de Desempenho Ambiental;
- SC5 — Subcomitê de Análise de Ciclo de Vida;
- SC6 — Subcomitê de Termos e Definições.

Para Priznar, também citado por Sales (2001:32-33), a evolução da auditoria ambiental nos Estados Unidos pode ser dividida em três períodos.

- **De 1979 a 1983.** Período da renascença — a auditoria ambiental está restrita à conformidade em relação às normas legais. Surgem as primeiras iniciativas para financiar estudos ambientais (1979), são realizados encontros de profissionais para compartilhar experiências em auditorias ambientais (1981) e é criada a primeira entidade profissional de auditoria ambiental, a Environmental Auditing Roundtable.
- **De 1984 a 1989.** Período da divergência — proliferam as avaliações ambientais, que são erroneamente confundidas com auditorias ambientais. Nesse período surgem os primeiros trabalhos sobre a adoção voluntária da auditoria

152   Introdução à Auditoria Operacional

ambiental por parte das corporações. São elaborados também trabalhos sobre o contexto para auditorias ambientais obrigatórias. É desse período o credenciamento de auditores estabelecidos pelo governo do estado da Califórnia.

❏ **A partir de 1990.** Período de pensamento *enlightened* — reconhecimento da prática como profissão. Ampliam-se as discussões sobre a necessidade de padronização de técnicas, procedimentos e qualificações profissionais de auditores.

É importante frisar que não se pode confundir auditoria ambiental com avaliação da gestão ambiental. Não obstante o Tribunal de Contas da União considerar a avaliação de programas como um componente da auditoria de natureza operacional, deve-se fazer uma distinção entre a auditoria e a avaliação. A primeira compreende uma ação de verificar se uma determinada condição — o que é — está em conformidade com um critério preconizado — o que deve ser. A segunda relaciona-se com o ato de analisar e medir uma ação específica, de modo a identificar se o resultado alcançado era o esperado. Ou seja, auditar é verificar, avaliar é medir.

Enquanto a auditoria ambiental é o processo de verificação independente da conformidade entre as atividades relacionadas às condições ambientais com os critérios de auditoria estabelecidos, a avaliação de desempenho ambiental é o processo de analisar, mensurar, e reportar o desempenho ambiental alcançado por uma entidade, tendo como parâmetros critérios preestabelecidos.

No que se refere ao processo, a auditoria ambiental utiliza, na maioria das vezes, os mesmos princípios e técnicas da auditoria contábil. Outro não é o entendimento de Sales (2001).

Os passos do processo, portanto, são os mesmos de uma auditoria tradicional: a) definição do tipo de auditoria; b) planejamento de auditoria; c) compreensão dos sistemas de controle: pontos fortes e fraquezas; d) definição da amostra; e) obtenção de evidências; f) discussão das constatações de auditoria; g) elaboração do relatório; h) discussão do relatório; i) apresentação do relatório.

Em função do objetivo deste livro, serão comentados os seguintes tópicos: planejamento, obtenção de evidências e relatório com enfoque voltado ao setor público.

AUDITORIA AMBIENTAL

153

Planejamento

Ao executar uma auditoria ambiental em quaisquer das modalidades,[81] o auditor, inicialmente, planejará o seu trabalho objetivando compreender o ente auditado, suas áreas-chave, avaliar os fatores internos e externos que podem afetar a execução do trabalho, definir as finalidades da ação a ser realizada e identificar os critérios ambientais que serão considerados durante a execução dos trabalhos, assim como estabelecer os procedimentos de auditoria que serão aplicados.

Consoante recomendam as normas de auditoria internacionalmente aceitas, o auditor responsável deve planejar seus exames de modo a atender aos objetivos da auditoria de forma eficiente e eficaz.[82]

Segundo o CFC, "o planejamento pressupõe adequado nível de conhecimento sobre as atividades, os fatores econômicos, legislação aplicável e as práticas operacionais da entidade, e o nível geral de competência de sua administração". Portanto, as questões ambientais podem ser perfeitamente inseridas nesse contexto.

Ao planejar uma auditoria ambiental, o auditor deve objetivar:

- obter conhecimento das práticas operacionais da entidade, programa ou projeto para identificar eventos e transações relevantes que possam prejudicar a gestão ambiental;

- assegurar que as questões ambientais importantes da entidade, programa ou projeto e os valores relevantes relacionados com os ativos e passivos ambientais sejam devidamente divulgados em suas demonstrações contábeis e em outros relatórios;

- identificar os problemas ambientais potenciais da entidade, programa ou projeto;

- conhecer de forma detalhada o sistema de controles internos da entidade e o seu grau de confiabilidade;

---

[81] A Norma Internacional de Auditoria nº 300 da Federação Internacional de Contabilidade (Ifac) determina que "o auditor deve planejar o trabalho de maneira que a auditoria seja executada eficazmente". A Intosai, em suas normas de procedimentos na execução da auditoria pública, define que "o auditor deve planejar suas auditorias com o objetivo de garantir que sejam de alta qualidade, bem como sejam executadas de forma econômica, eficiente, eficaz e oportuna".

[82] Auditoria operacional em órgãos de política ambiental e em projetos que possam ocasionar danos ao meio ambiente e inserção de critérios ambientais em auditorias contábeis.

154 INTRODUÇÃO À AUDITORIA OPERACIONAL

- identificar os riscos de auditoria relativos à questão ambiental e identificar as áreas importantes da entidade;
- identificar e conhecer a legislação ambiental aplicável;
- estabelecer a natureza, a oportunidade e a extensão dos procedimentos a serem aplicados;
- definir a composição da equipe, as responsabilidades individuais, a divisão das tarefas e o concurso de especialistas ligados à questão ambiental, se aplicável;
- definir a forma de utilização dos trabalhos realizados por outros auditores;
- determinar os recursos materiais necessários;
- definir o prazo para execução dos trabalhos e entrega de relatórios.

Modelo de um plano de auditoria ambiental

Para facilitar a compreensão do instrumental teórico descrito, é apresentado, a seguir, um exemplo simplificado de um plano de auditoria ambiental elaborado para um órgão de política ambiental.

PLANO DE AUDITORIA AMBIENTAL

I. INFORMAÇÕES SOBRE A ENTIDADE

Razão social	Autarquia Ambientando		
Endereço	Rua dos Colibris, 50, Centro	Tel. 71-230-0000	ambientando@.gov.br www.ambientando.gov.br
Vinculação	Secretaria de Meio Ambiente do Estado da Felicidade (SMAEF)		
Natureza jurídica	Autarquia		
Objeto social	Planejar, coordenar e executar a política estadual de meio ambiente, integrando as atividades do poder público e da iniciativa privada, objetivando a preservação e conservação ambiental, com vistas a garantir a melhoria da qualidade de vida e o desenvolvimento sustentável do estado.		
Peculiaridades do ramo de atividade	O orçamento da autarquia representa 90% dos gastos da SMAEF.		

Continua

AUDITORIA AMBIENTAL

2. PRINCIPAIS CONTATOS

Descrição	Nome	Telefone/e-mail
Presidente	Sr. Mauro Leal	71-230-1000 leal@amb.gov.br
Diretor Administrativo	Sra. Maria Veiga	71-230-1001 veiga@amb.gov.br
Diretor de Operações	Sra. Vera Santos	71-230-1002 vera@amb.gov.br
Contador	Sr. Agripino Nunes	71-230-1003 agripino@amb.gov.br
Auditor Interno	Sra. Márcia Douto	71-230-1005 douto@amb.gov.br

3. INFORMAÇÕES ADICIONAIS SOBRE A AUTARQUIA

Criada pela Lei nº 8.001, de 25 de agosto de 1998, a Autarquia Ambientando objetiva: acompanhar e avaliar a política estadual de meio ambiente; estabelecer as diretrizes e critérios relativos ao controle e à manutenção da qualidade do meio ambiente; estabelecer diretrizes e critérios para o licenciamento e para a elaboração de estudo prévio de impacto ambiental; exercer o poder de polícia preventivo e corretivo inerente à defesa do ambiente; expedir licença para localização de empreendimentos ou atividades efetivas ou potencialmente causadoras de degradação do meio ambiente, entre outras. A autarquia é mantida com recursos próprios do estado e oriundos de cobrança das taxas de licenciamento ambiental e da aplicação de multas. Além do corpo diretivo, a estrutura da autarquia é composta de quatro gerências diretamente voltadas para os objetivos regimentais, contando com cerca de 70 técnicos, dos quais 10 engenheiros ambientais. Atualmente, o foco das ações está voltado para as concessões de licenças e para as fiscalizações decorrentes de denúncias realizadas através do serviço 0800, ora terceirizado. Para a realização das fiscalizações, a autarquia conta com cinco veículos, que foram adquiridos há mais de cinco anos. Cerca de 10 autuações são realizadas por mês no âmbito do estado.

4. RELATÓRIOS DE AUDITORIAS ANTERIORES

Não foram realizadas auditorias operacionais nessa autarquia. Nos exames das demonstrações contábeis de exercícios anteriores não foram identificadas irregularidades relevantes. A auditoria interna realizou trabalhos no exercício, cujo escopo foi discutido com a equipe de auditores externos. Os relatórios, com boa qualidade técnica e evidenciando independência profissional, apresenta comentários sobre deficiências relacionadas com a concessão de licenças. Contudo, os trabalhos realizados nos exercícios anteriores têm

Continua

156 INTRODUÇÃO À AUDITORIA OPERACIONAL

demonstrado fragilidades no sistema de controle interno da autarquia e na política de fiscalização.

5. ASSUNTOS DE POTENCIAL IMPORTÂNCIA

Com base nas informações coletadas no planejamento dessa auditoria e na avaliação preliminar dos controles internos, foram identificados assuntos relevantes para exame, a seguir descritos por linha de exame, assim como os principais procedimentos a serem adotados na fase de obtenção de evidências.

❑ **1ª linha — sistema de acompanhamento e avaliação dos empreendimentos potencialmente danosos ao meio ambiente**

a) Deficiências no acompanhamento de empreendimentos com potencial risco de danos ambientais

Justificativa: *a autarquia, conforme também apurado pela auditoria interna, não dispõe de recursos humanos e materiais necessários ao efetivo controle de empreendimentos com potencial risco de danos ambientais. Atualmente o setor responsável conta com cinco técnicos e uma viatura para acompanhar e avaliar mais de 70 empreendimentos cadastrados no estado, abrangendo uma área de aproximadamente 10 mil km². Durante o exercício, foram programadas 20 inspeções, contudo, consoante os relatórios elaborados somente foram realizadas cinco visitas técnicas.*

Critério: *devem ser seguidas as orientações estabelecidas na legislação ambiental do estado e os empreendimentos com potencial risco de danos ambientais devem ser acompanhados e avaliados continuadamente e de forma criteriosa.*

b) Solicitações de autorização para ampliação em empreendimentos com potencial risco de danos ambientais estão sendo concedidas, em média, após 180 dias do pedido. Algumas autorizações têm sido concedidas sem justificativas técnicas

Justificativa: *consoante o manual de normas e procedimentos e o regimento interno da autarquia, as autorizações para ampliação em empreendimentos com potencial risco de danos ambientais devem ser concedidas em 60 dias após a formalização do pedido por parte do interessado. Em face do reduzido quadro de pessoal, a gerência da área informou que alguns empreendimentos têm sido autorizados sem a devida observância de normas técnicas.*

Continua

Auditoria Ambiental

Critério: *as autorizações para ampliações nos empreendimentos com potencial risco de danos ambientais devem ser concedidas no prazo regimental, após a formalização do pedido pelo interessado, e devem ser procedidas com base em critérios definidos e adequados.*

Recursos humanos necessários: *1 engenheiro ambiental; 1 economista/contador; 1 advogado.*

Tempo estimado: *20 dias*

Início: 14-3-2005

Término: 12-4-2005

❑ *2ª linha — sistema de fiscalização e controle ambiental*

a) **A fiscalização preventiva e corretiva das atividades que causam ou possam causar danos ao meio ambiente tem sido realizada a partir de denúncias registradas pelo serviço 0800**

Justificativa: *constatação de que a fiscalização administrativa preventiva ou corretiva, no que concerne ao controle, disciplina e fiscalização das atividades efetivas ou potencialmente degradantes do meio ambiente, não é realizada de forma sistemática e com base em programação regular.*

Critério: *as fiscalizações preventivas ou corretivas devem ser realizadas com base em programação anual e de forma sistemática, contando com os recursos humanos e materiais necessários.*

b) **Aquisição de equipamentos e materiais aquém da necessidade**

Justificativa: *a autarquia adquire os equipamentos e materiais necessários à efetiva fiscalização sem um devido estudo tendo como base a média histórica de utilização dos equipamentos. Não são elaborados estudos para se identificar a necessidade real das aquisições.*

Critério: *devem ser consideradas as reais necessidades de cada unidade fiscalizadora para fins de aquisição de equipamentos e materiais.*

Continua

158   INTRODUÇÃO À AUDITORIA OPERACIONAL

Recursos humanos necessários: *1 administrador; 1 contador; 1 advogado.*

Tempo estimado: *22 dias*

         Início: 13-4-2005

         Término: 16-5-2005

❏ *3ª linha — sistema de controle das taxas de licenciamento e de fiscalização*

a) Contabilização das liberações

Justificativa: *a contabilização de recursos oriundos das taxas de licenciamento e de fiscalização é realizada intempestivamente. Como este fato já foi anteriormente constatado em auditorias de regularidade anteriores, necessário se faz ampliar o universo da amostra e confirmar, ou não, a continuidade do procedimento.*

Critério: *os recursos oriundos das taxas de licenciamento e de fiscalização devem ser contabilizados tempestivamente, de modo a refletir a movimentação do período, em observância aos princípios fundamentais de contabilidade.*

b) Divergências entre os saldos das taxas de licenciamento e de fiscalização informados pelas unidades de arrecadação e os valores fornecidos pelo sistema informatizado da autarquia

Justificativa: *falta de conciliação dos valores arrecadados e que são atualizados no Sistema Simples com os registros contábeis.*

Critério: *os saldos contábeis das unidades devem ser atualizados, de modo a retratar o valor real do saldo das arrecadações oriundas das taxas de fiscalização e licenciamento.*

Recursos humanos necessários: *1 contador; 1 analista de sistemas.*

Tempo estimado: *15 dias*

         Início: 14-3-2005

         Término: 1-4-2005

❏ *4ª linha — sistema de controles de bens patrimoniais*

a) Controles patrimoniais desatualizados

Continua

AUDITORIA AMBIENTAL

Justificativa: *os dados contábeis não refletem adequadamente a posição dos bens patrimoniais da autarquia.*

Critério: *os registros contábeis devem refletir adequadamente a posição dos bens patrimoniais da autarquia.*

Recursos humanos necessários: *1 economista; 1 contador.*

Tempo estimado: *7 dias*

Início: 4-3-2005

Término: 13-4-2005

6. PRINCIPAIS PROCEDIMENTOS

Os principais procedimentos auditoriais são: entrevistas; inspeções físicas; análise dos relatórios da auditoria interna; conferência de cálculos; exame de documentos; levantamento de dados e informações; pesquisas bibliográficas; confronto de documentação com os registros do Simples e com os controles contábeis.

7. CRONOGRAMA DOS TRABALHOS

Tempo	320 horas	
Período	*Exame preliminar*	*1-3 a 10-3-2005*
	Exames	*14-3 a 16-5-2005*
	Visita final	*20-5-2005*
	Emissão do relatório final	*31-5-2005*

8. AVALIAÇÃO DO RISCO DA AUDITORIA

Como já comentado, o sistema de controle interno da autarquia apresenta deficiências, portanto, os "erros amostrais" não devem ultrapassar 5% (Eo = 0,05),

9. DEFINIÇÃO DA EQUIPE

Nome	**Nível**	**Horas**
Victor Araújo	*Contador*	*60*
Paulo Santos	*Administrador*	*60*
Márcia Goes	*Economista*	*60*
Mira Lopes	*Engenheiro*	*60*
Igor Araújo	*Advogado*	*60*
Yamuto Sore	*Analista*	*20*
	Total	***320***

Continua

160   INTRODUÇÃO À AUDITORIA OPERACIONAL

---

10. ORÇAMENTO DE VIAGENS

Foram estimadas 8 (oito) diárias para cada técnico, distribuídas da forma a seguir:

Ordem	Regional	Técnicos	Nº diárias	Valor Unitário	Total
1.	2 – Feliz	Victor Araújo	08	85,00	680,00
2.	7 – Saúde	Paulo Santos	08	75,00	600,00
3.	12 – Xuru	Márcia Goes	08	85,00	680,00
4.	13 – Desdo	Mira Lopes	08	85,00	680,00
5.	31 - Sto. Amaro	Yamuto Sore	08	75,00	600,00
	Total		40		3.240,00

Os custos com salários dos auditores totalizam R$ 16 mil.

11. MATERIAL NECESSÁRIO

3 máquinas fotográficas

3 laptops ou microcomputadores

Material de escritório

Salvador, 1 de fevereiro de 2005.

Preparado por:	Aprovado por:

Obtenção de evidência

Assim como nas auditorias operacionais em órgãos de política ambiental, nas auditorias contábeis e de projetos governamentais devem ser incluídos critérios ambientais. O escopo das auditorias, a serem realizadas pelos tribunais de contas, pode contar ou não com a participação de especialistas e deve ser voltado para verificar, sugerir medidas atenuantes e divulgar os impactos ambientais reais ou potenciais em função da execução dos projetos[83] realizados ou financiados

---

[83] O termo projeto é aqui utilizado em sentido amplo, podendo englobar os programas realizados pelo governo.

AUDITORIA AMBIENTAL

161

pelo setor público, nas mais diversas áreas da economia, que podem ser assim resumidas:

- agropecuária: atividades relacionadas com a produção vegetal de alimentos e insumos econômicos e com o manejo animal, abarcando a criação de bovinos, suínos, caprinos, ovinos, piscicultura, entre outros;

- agroindústria: atividades diretamente relacionadas com a industrialização ou beneficiamento de produtos agropecuários;

- indústria: atividades de transformação de matéria-prima em produtos acabados. O setor industrial pode ser classificado em têxtil, couro, químico, metal-mecânico, construção civil e outros;

- turismo: ações que objetivam criar, manter ou ampliar a infra-estrutura necessária ao deslocamento, alojamento e assistência ao turista;

- mineração: exploração de recursos minerais;

- infra-estrutura: ações do governo não-classificáveis nos itens anteriores e que estejam relacionadas a projetos de saneamento, irrigação, transporte, barragens, entre outros.

Na realização de auditorias nesses projetos, o auditor poderá incluir critérios específicos.

Alguns critérios de auditoria ambiental podem ser obtidos do excelente trabalho desenvolvido por consultores contratados no âmbito do Convênio BRA/95/002, firmado com o Instituto Interamericano de Cooperação para a Agricultura (IICA), que contou com a participação de técnicos do Banco do Nordeste do Brasil (BNB), e que gerou o *Manual de impactos ambientais* — obra de referência para todos aqueles que se interessem ou que pratiquem auditorias ambientais.

À guisa de exemplo, com base no citado trabalho, são demonstrados os principais pontos que devem ser verificados pelos auditores quando do exame de projetos na área agropecuária, envolvendo a produção vegetal:

162   INTRODUÇÃO À AUDITORIA OPERACIONAL

Impactos ambientais potenciais

- ❑ Redução da diversidade de espécies da fauna e da flora.
- ❑ Contaminação dos solos, ar, água, fauna e flora por agrotóxicos e fertilizantes.
- ❑ Aumento da velocidade do vento, devido ao desmatamento.
- ❑ Contaminação do agricultor devido à utilização de agrotóxicos.
- ❑ Poluição do ar por fumaça e material particulado, devido às queimadas.
- ❑ Erosão, compactação, redução da fertilidade dos solos, com salinização e desertificação de áreas.
- ❑ Impactos dos efeitos climáticos sobre a produção.

Fonte: BNB — *Manual de impactos ambientais*.

Procedimentos

Os procedimentos de auditoria ambiental, em regra, não divergem dos adotados na auditoria contábil, e podem ser conceituados como os instrumentos utilizados pelo auditor para a obtenção de evidências ou provas de auditoria. Representam os mecanismos que possibilitam ao auditor obter elementos probatórios, de forma suficiente e adequada, para fundamentar as constatações auditoriais que serão comentadas no relatório.

Os procedimentos de auditoria não são rígidos e podem variar de auditoria para auditoria, de modo a se ajustarem às circunstâncias específicas de cada caso em exame.

A aplicação dos procedimentos de auditoria é realizada através de exames, provas seletivas, testes e amostragens, em razão da complexidade e volume das operações de cada entidade auditada, cabendo ao profissional da auditoria, com base na análise de riscos envolvidos e outros elementos de que dispuser, determinar a amplitude ou o escopo dos exames necessários à obtenção dos elementos probatórios que sejam válidos para o todo auditado.

A seguir, os principais procedimentos de auditoria que podem ser utilizados em uma auditoria ambiental.

- ❑ **Exame de registros**: verificação da adequação dos registros relacionados às informações ambientais.

- ❑ **Exame documental**: análise da adequação dos documentos relacionados à gestão ambiental. Quando o auditor realiza o exame dos documentos originais, deve estar atento para a autenticidade, normalidade, aprovação e registro.

AUDITORIA AMBIENTAL

163

- ❏ **Conferência de cálculos**: revisão dos cálculos relevantes relacionados a fatores ambientais realizados pela entidade auditada, de modo a verificar a sua exatidão.

- ❏ **Entrevistas**: questões dirigidas de forma técnica aos auditados, de modo a detalhar e esclarecer procedimentos. Podem ser realizadas de forma estruturada (questões padronizadas) ou não-estruturadas.

- ❏ **Inspeção física**: exame da existência de bens e constatação dos impactos ambientais ocasionados. Esse procedimento deve ser aplicado de forma cuidadosa pelo auditor, que deve estar atento aos detalhes envolvidos na utilização dos bens.

- ❏ **Circularização**: confirmação de valores e informações mantidos com terceiros. Solicitada pelo auditor, é elaborada pela entidade auditada. Todavia, é o auditor que deverá receber diretamente as respostas. A circularização implica a obtenção de declaração formal e isenta por pessoas independentes com relação ao ente auditado.

- ❏ **Observação**: análise dos fenômenos durante a sua ocorrência.

Sales (2001:86), ao comentar a coleta de evidências de desconformidades em auditorias ambientais, apresenta os seguintes procedimentos básicos: inspeção física; entrevista; exame de dados e registros relacionados a informações ambientais; teste de verificação.

Os objetivos e procedimentos para uma auditoria ambiental dependem da natureza e finalidade do trabalho a ser executado, o que dificulta em muito a elaboração de uma relação completa. Isso ocorre devido à auditoria ambiental, principalmente no setor público, ainda não possuir normas explícitas, como acontece com a auditoria contábil, o que é perfeitamente aceitável, pois o campo de atuação da auditoria ambiental — universo da gestão ambiental e outros aspectos ambientais — não é exato e o auditor incumbido dessa tarefa deve apreciar, caso a caso, os diferentes domínios da administração.

Evidências

O auditor aplica os procedimentos de auditoria para coletar evidências que irão suportar o relatório. Evidência em auditoria é, portanto, toda prova obtida pelo auditor, no transcurso da execução da auditoria, para avaliar se os critérios estabelecidos estão sendo ou não atendidos.

O auditor deve atentar para o fato de que o processo de obtenção de evidências em uma auditoria ambiental é muito mais complexo do que em uma

164 INTRODUÇÃO À AUDITORIA OPERACIONAL

auditoria contábil. Isso acontece em virtude de, nas áreas relacionadas à gestão ambiental, o processo de identificação dos critérios, na maioria das vezes, não ser claramente definido como nas áreas financeiras. A identificação das áreas problemáticas e críticas dependerá enormemente da perspicácia, experiência e determinação do auditor.

Documentação

Para que uma auditoria ambiental logre êxito, ela deve obedecer a uma sistematização e todas as informações relevantes coletadas devem ser documentadas em uma pasta de anotações (*working papers*) ou simplesmente papéis de trabalho. Regra, aliás, que prevalece para qualquer tipo de auditoria, pois se configura em uma das normas profissionais mais importantes.

As evidências obtidas pelo auditor no transcurso do planejamento e da execução dos trabalhos devem ser compiladas em papéis de trabalho, devidamente codificados para fins de facilitação do manuseio e posterior arquivamento. Os papéis de trabalho representam, pois, qualquer documento obtido ou preparado pelo auditor, de forma manual, por meios eletrônicos ou por outros meios, que constituem a prova do trabalho executado. Servem de fundamento dos comentários emitidos nos relatórios, respaldando as conclusões e opiniões. Permitem, também, a supervisão dos trabalhos e a revisão de qualidade por parte de outros auditores.

É oportuno enfatizar que, não somente as análises elaboradas pelo auditor, mas qualquer documento obtido no transcurso dos trabalhos e que se constitua evidência do exame realizado também é denominado papel de trabalho, tais como fitas de vídeo, CDs, disquetes e fotografias.

Em uma auditoria tradicional normalmente são utilizados formulários pré-impressos divididos em colunas. Contudo, tendo em vista a dinâmica verificada na auditoria ambiental, muitos papéis constantes na pasta de trabalho do auditor são constituídos por documentos elaborados pela própria entidade auditada ou por questionários sobre práticas ambientais.

Relatório

O processo de auditoria ambiental é finalizado com a elaboração, discussão e apresentação do relatório ao auditado ou a outros interessados pelos resultados alcançados. Conforme a Organização Latino-Americana e do Caribe das

AUDITORIA AMBIENTAL   165

Organizações Superiores de Auditoria (Olacefs, 1981:284), tem-se a seguinte definição para o relatório de auditoria:

> É o produto final do trabalho do auditor governamental, no qual ele apresenta os seus comentários sobre os achados, suas conclusões e recomendações e, no caso do exame das demonstrações contábeis, o correspondente parecer.

Os resultados dos exames auditoriais realizados, abarcando os aspectos positivos e negativos, devem ser comunicados aos responsáveis pela organização auditada e/ou a quem solicitou a auditoria. Essa comunicação deve ser formalmente realizada através do documento denominado relatório de auditoria.

Relatório de auditoria é o documento elaborado ao cabo de um processo auditorial em consonância com padrões normativos, onde são apresentadas as principais constatações obtidas durante a execução da auditoria, devidamente suportadas em papéis de trabalho. Esse documento técnico pode ser apresentado sob a forma padronizada de um parecer de auditoria — mais próprio para auditorias das demonstrações contábeis — ou sob a forma de relatório detalhado — mais adequado para a auditoria ambiental, no que tange à avaliação da gestão ambiental. Portanto, tem-se relatório como gênero, e parecer e relatório detalhado como espécies.

Além das constatações auditoriais, também denominadas achados, observações, revelações ou pontos de auditoria, que devem sempre estar fundamentadas em evidências, o relatório de auditoria pode apresentar, quando aplicável, sugestões para o aprimoramento da gestão.

A elaboração do relatório constitui uma das fases mais importantes do processo da auditoria ambiental, já que nele vão ser descritas todas as desconformidades em relação aos critérios e, além de obedecer às normas de auditoria, deve observar as técnicas de redação de documentos técnico-científicos.

Como não existem normas auditoriais específicas para a elaboração de relatório de auditoria ambiental, o auditor pode utilizar, no que for aplicável, os requisitos estabelecidos pela Intosai ou por outras instituições normativas.

Não existe na doutrina auditorial um modelo de relatório de auditoria ambiental para o setor público. Entretanto, o primeiro modelo pode incluir tópicos específicos do relatório de uma auditoria governamental para destacar aspectos e questões ambientais. O segundo pode ser decorrente de uma auditoria operacional para responder a uma questão ambiental específica.

Corroborando esse entendimento, Rovere (2001:43) afirma:

> Não existe uma regra preestabelecida quanto ao conteúdo e à forma de apresentação de um relatório de auditoria, que serão influenciados pelo seu objetivo e destinatário final. Ressalte-se que, dependendo do objetivo da auditoria ambiental, o seu relatório será distribuído a pessoas ou organismos distintos (...) que farão diferentes usos do mesmo. Conseqüentemente, é conveniente moldar a forma de apresentação do relatório de acordo com o objetivo e o destinatário, sem, entretanto, alterar o seu conteúdo básico.

A Norma Série ISO 14010 apresenta as informações relativas à auditoria ambiental que podem constar no relatório:

- identificação da organização auditada;
- objetivos acordados e escopo de auditoria;
- critérios acordados em relação aos quais a auditoria foi realizada;
- período coberto pela auditoria e as datas nas quais a auditoria foi realizada;
- identificação dos membros da equipe de auditoria;
- identificação dos representantes do auditado que participam da auditoria;
- declaração sobre a natureza confidencial do conteúdo;
- lista de distribuição do relatório de auditoria;
- sumário do processo de auditoria, incluindo quaisquer obstáculos encontrados;
- conclusões da auditoria.

A Norma Série ISO 14011, que trata dos procedimentos de auditoria dos sistemas de gestão ambiental, incluiu no item relativo às conclusões de auditoria os seguintes tópicos:

- conformidade do sistema de gestão ambiental em relação aos critérios de auditoria;
- se o sistema está adequadamente implementado e mantido;
- se o processo interno de análise pela administração é capaz de assegurar a contínua adequação e eficácia do sistema de gestão ambiental.

AUDITORIA AMBIENTAL

O auditor deve incluir todas as constatações relevantes, aqui consideradas aquelas que impactam ou que possam vir a impactar a gestão ambiental da organização auditada.

Após a discussão das constatações e da apresentação do relatório de auditoria, o auditor deve acompanhar a implementação de suas recomendações, descritas em um plano de ação, de modo a garantir a eficácia do seu trabalho. A fase do acompanhamento normalmente é realizada no transcurso do planejamento da auditoria subseqüente.

Conclusão

Não obstante ser crescente a preocupação com o meio ambiente — aqui entendido como "o conjunto de condições, leis, influências e interações de ordem física, química, biológica, socioeconômicas e culturais que permitem, abrigam e regem a vida em todas as suas formas" — em âmbito mundial, principalmente em razão da ocorrência de diversos desastres com graves impactos ambientais (*Exxon Valdez*, Chernobyl, Bhopal, Seveso, entre outros), ainda são escassos os trabalhos acadêmicos voltados para a discussão da auditoria ambiental, principalmente relacionados ao setor público.

No que se refere ao processo da auditoria ambiental, é comum o entendimento de que a auditoria ambiental deve observar os mesmos requisitos de uma auditoria tradicional — planejamento, execução e relatório. Contudo, a ausência de normas específicas para a auditoria governamental no Brasil, com a inclusão de critérios ambientais, tem sido determinante para o nível de desenvolvimento dessa importante área do conhecimento.

Apesar da falta de uma padronização da sistemática de execução de uma auditoria ambiental, ela pode ser realizada observando enfoques específicos.

A auditoria ambiental pode ser conceituada como o conjunto de procedimentos técnicos, pautados em normas profissionais e aplicados com independência sobre questões ambientais, objetivando a emissão de comentários e sugestões que possam contribuir para uma gestão ambiental mais efetiva.

A auditoria ambiental, além de verificar se o auditado está atuando em conformidade com as normas ambientais estabelecidas, visa também executar a avaliação do impacto ambiental, incluindo a análise das medidas para a proteção dos empregados — ambiente de trabalho ecologicamente saudável — e da comunidade no entorno das instalações industriais com riscos de impactos ambientais, assim como dos produtos ecologicamente corretos.

168 INTRODUÇÃO À AUDITORIA OPERACIONAL

A auditoria ambiental abarca a verificação das conformidades relacionadas com critérios ambientais impostos por entes normativos externos, como, por exemplo, a Série ISO 14000 e a legislação ambiental, ou mesmo políticas internas, assim como examina a adequação das informações referentes aos ativos e passivos ambientais, que são objeto de estudo da contabilidade ambiental. De igual modo, ela pode ter um escopo mais abrangente, enfocando a gestão ambiental, atividade que foi designada como auditoria ecológica pelo Elmwood Institute.

A auditoria ambiental pode atuar sob duas formas distintas — a de gestão ambiental e a de contabilidade ambiental — e é realizada normalmente por auditores internos ou auditores contratados exclusivamente para esse fim. A auditoria da gestão ambiental visa à verificação das políticas ambientais adotadas pela organização, tendo como parâmetros as normas internas ou externas impostas por legislação específica ou em caráter voluntário. Já a contabilidade ambiental visa expressar uma opinião sobre a adequação das informações divulgadas pela organização relacionadas aos ativos e passivos ambientais, constitutivos de seu patrimônio.

A auditoria ambiental no setor público justifica-se como uma forma de garantir os direitos do cidadão e a responsabilidade estatal quanto ao trato e defesa do meio ambiente, considerando-o um patrimônio público humano. A Constituição de 1988 dedica um capítulo exclusivo ao meio ambiente, definindo que todos têm direito ao meio ambiente ecologicamente equilibrado. O meio ambiente é considerado bem de uso comum do povo e essencial a uma adequada e equilibrada qualidade de vida. Sobre um dano efetivo ou potencial ao ambiente, podem incidir as três esferas de responsabilidade: civil, administrativa e penal. Atualmente o Brasil dispõe de ampla e avançada legislação ambiental, acompanhada por publicações de estudos doutrinários que buscam estabelecer indicadores de aplicação e cumprimento de normas e princípios ambientais.

No setor público, a auditoria ambiental pode se materializar através de: a) auditoria operacional — voltada para examinar as questões de eficiência e eficácia de uma organização, devendo incluir uma análise da estrutura, políticas e práticas, sistemas e procedimentos, assim como da utilização de recursos humanos, financeiros e materiais — nos órgãos e entidades que possuem a competência de promover a conservação, preservação, defesa e melhoria do meio ambiente, objetivando verificar se os critérios de economicidade, eficiência e eficácia estão sendo observados no cumprimento das suas missões legais e regimentais;

AUDITORIA AMBIENTAL

b) auditoria operacional em programas e projetos que podem ocasionar impactos significativos no meio ambiente, procurando responder a questões específicas relacionadas com a gestão ambiental; e c) auditoria contábil em entidades, programas e projetos com inserção de critérios ambientais, objetivando verificar se os requisitos constitucionais, legais, regimentais relacionados com a questão do meio ambiente foram observados, bem como examinar a devida evidenciação dos ativos e passivos ambientais.

Os órgãos de controle externo do setor governamental não podem ficar restritos às questões orçamentárias, financeiras e legais, mas devem inserir critérios ambientais em seus programas de auditoria, principalmente no exame de programas e projetos a cargo de entidades públicas com propensão a riscos e à ocorrência de prejuízos ao meio ambiente. A adoção de tais critérios, resguardados os cuidados especiais para evitar conflitos de competências com organizações públicas de controle do meio ambiente, tende a ampliar a eficiência e a eficácia da auditoria governamental e a especialização do seu corpo técnico.

Nesse particular, cuidados adicionais devem ser tomados para que os procedimentos aplicados pelos auditores governamentais não entrem em conflito com a ação fiscalizadora dos órgãos responsáveis pelo acompanhamento das políticas ambientais e que devem promover, por imposição normativa, a conservação, preservação, defesa e melhoria do meio ambiente.

O resultado da auditoria ambiental, seja no setor público ou no setor privado, deve enfocar métodos estruturados e objetivos que permitam a avaliação da implementação e do cumprimento das leis e regulamentos ambientais na prevenção dos riscos potenciais ao meio ambiente. Deve, portanto, alertar quanto ao efetivo impacto na qualidade do equilíbrio ambiental, recomendando soluções exeqüíveis, sob pena de fragilização da legitimidade e credibilidade da legislação ambiental e das instituições dedicadas à sua aplicação, contribuindo, assim, para uma melhor utilização dos recursos deste planeta azul.

Capítulo 10

Caso prático de auditoria operacional*

Neste capítulo, apresentaremos um caso prático de auditoria operacional para ilustrar seu uso e benefícios. Como o objetivo é demonstrar os resultados alcançados, não incluímos aqui todos os aspectos relacionados a cada caso.

Auditoria operacional numa empresa de transportes

O sr. Eficiente, auditor interno da Cia. Paulista, empresa pública que opera no ramo de transporte rodoviário de passageiros e cargas no estado de São Paulo, foi chamado pelo sr. Exigente, diretor-presidente da Cia., que lhe solicitou que os enfoques dos trabalhos, que até então estavam voltados para os aspectos financeiros, fossem direcionados aos aspectos operacionais.

Segundo o presidente, algumas áreas na Cia. deveriam ser priorizadas pelos exames a serem realizados pela auditoria interna, uma vez que os controles internos não eram satisfatórios, tampouco os resultados da comparação feita com outras empresas do mesmo porte e ramo em outros estados. Tais áreas eram: faturamento, compras, recursos humanos, frota e consumo.

O sr. Exigente argumentou que conhecia as carências de pessoal no Departamento de Auditoria Interna, mas que estava disposto a arcar com os custos necessários para a contratação de especialistas, caso fosse sugerida pelo sr. Eficiente.

Diante da solicitação da presidência, o sr. Eficiente reuniu sua equipe de auditores, composta de dois contadores, três administradores, um economista e um engenheiro de transportes, para realizar os trabalhos de planejamento, execução e relatório.

---

*Adaptado de exercícios da disciplina auditoria operacional do curso de pós-graduação em auditoria interna por nós ministrado na Universidade Federal do Ceará.

Durante o processo de planejamento, os auditores internos identificaram, entre outros, os seguintes pontos:

❑ faturamento — vendas de passagens somente realizadas no terminal rodoviário, situado a 15 km do Centro; os preços dos bilhetes eram definidos pela Secretaria de Transportes, em face da experiência histórica, e atualizados pelos índices inflacionários. A Cia. Paulista vinha recebendo constantes reclamações, inclusive através de programas de rádio de apelo popular, pela demora na venda das passagens, pelas constantes filas e pelas quebras dos veículos nas estradas;

❑ compras — a aquisição de peças de reposição para a frota — composta de 50 ônibus Mercedes-Benz e Scania, 80% dos quais com mais de 10 anos de uso — era feita pelo Setor de Compras, constituído de funcionários experientes e com mais de 15 anos de casa. Os principais produtos eram adquiridos de fornecedores que já trabalhavam com a Cia. há vários anos, mediante dispensa de licitação. O sr. Patrimônio, chefe do setor, não concordava em buscar novos fornecedores em razão do bom relacionamento mantido com os atuais. Os preços, quando das compras, eram cotados por telefone, com diversos fornecedores;

❑ recursos humanos — a Cia. não possuía normas definidas para acompanhar o fluxo de transações desde a seleção até o efetivo ingresso do novo colaborador nas suas dependências. Também não se faziam avaliações de desempenho;

❑ frota — para atender às novas demandas de rota, o sr. Exigente ainda não havia decidido se iria solicitar ao governo autorização para comprar novos ônibus ou simplesmente locar;

❑ consumo — a elevação do consumo de óleo combustível pelos veículos nos últimos três meses deveu-se basicamente à idade da frota, conforme o sr. Controla Tudo. Outro motivo por ele alegado foi que os equipamentos controladores do abastecimento de combustível estavam obsoletos e apresentavam constantes erros de medição. Não existiam estudos técnicos que evidenciassem o consumo médio por tipo de veículo.

Com base nessas informações, apresentamos a seguir um resumo do processo da auditoria operacional, objetivando identificar os principais pontos relacionados com a economicidade, eficiência e eficácia, detalhando por área os seguintes aspectos:

CASO PRÁTICO DE AUDITORIA OPERACIONAL   173

- antecedentes;
- objetivos de auditoria;
- abordagem de auditoria;
- resultados e relatórios de auditoria.

É oportuno mencionar que, nesse exercício, os auditores foram criativos e procuraram identificar os principais problemas que poderiam ser encontrados, os principais indicadores existentes ou que poderiam existir e as medidas que poderiam ser tomadas para melhorar o desempenho da Cia. Paulista.

Faturamento

- *Antecedentes* — o diretor-presidente da Cia. Paulista, ao comparar os resultados obtidos na área de faturamento por outras empresas de transporte públicas e privadas do mesmo porte em outros estados, não ficou satisfeito com os números encontrados. Além disso, constatou a precariedade dos controles internos praticados. Em face dos problemas identificados, solicitou que os trabalhos da auditoria interna, até então direcionados para os aspectos financeiros, passassem a focar os aspectos operacionais.

- *Objetivos de auditoria* — num levantamento preliminar, identificou-se a queda nas vendas de passagens como principal ponto a ser questionado. A auditoria, portanto, objetivou identificar os fatores que impediam o aumento na venda das passagens como forma de alavancar os resultados da empresa.

- *Abordagem de auditoria* — ainda com base no levantamento preliminar, verificou-se que a queda nas vendas de passagens tinha como causas:

  a) centralização das vendas no terminal rodoviário, distante 15 km do Centro da cidade;
  b) definição dos preços dos bilhetes diretamente pelo governo, sem possibilidade de interferência direta da Cia.;
  c) insatisfação dos clientes devido às filas constantes para aquisição de bilhetes e às quebras dos veículos durante as viagens.

O programa de auditoria, portanto, destinou-se a avaliar a oportunidade de descentralizar a venda dos bilhetes, observando a relação custo/benefício e estruturando mecanismos de formação de preços das passagens, em face da realidade do mercado e da consequente apresentação de proposta de reajuste ao estado, e também a apontar soluções para garantir níveis adequados de satisfação dos clientes.

174 · Introdução à Auditoria Operacional

❑ *Resultados e relatório de auditoria* — após a conclusão dos trabalhos, ficou evidenciada a inviabilidade da descentralização da venda dos bilhetes mediante a instalação de postos próprios de venda, devido aos custos envolvidos. Recomendou-se, então, terceirizar a venda de bilhetes fora do terminal rodoviário, mediante a celebração de convênios com estabelecimentos públicos localizados em pontos estratégicos da cidade. Recomendou-se também a realização de estudos para implantar a Linha Direta Paulista (vendas de passagem por telefone).

Considerando as diversas variáveis envolvidas (distância, tipo de veículo, condições das estradas, preço do combustível em diversas localidades etc.) na determinação do preço dos bilhetes, recomendou-se a aquisição de software, já amplamente utilizado em outros estados, como forma auxiliar de melhor definir o custo das passagens.

Como soluções para o problema da satisfação dos clientes, além da venda de bilhetes fora do terminal rodoviário, já comentada, visando eliminar as filas, recomendou-se a criação de um núcleo para receber, classificar e encaminhar as reclamações dos clientes, utilizando-se essas informações para melhorar a qualidade dos serviços. Recomendou-se, também, uma nova auditoria específica na frota de veículos, buscando a melhor forma de manutenção e aventando-se, inclusive, a possibilidade de locar novos veículos.

A administração da empresa concordou com as medidas a serem adotadas, questionando, entretanto, o uso de software para a determinação do preço dos bilhetes, alegando que o sistema, ao contrário das pessoas, não tem sensibilidade para considerar adequadamente as variações bruscas que podem ocorrer no mercado.

Os auditores esclareceram que o uso do software leva a uma indicação de preço, servindo como ferramenta auxiliar para a real determinação do preço pela equipe competente para tal.

Compras

❑ *Antecedentes* — a empresa Cia. Paulista opera no ramo de transporte rodoviário de passageiros e cargas no estado de São Paulo. Como os trabalhos da auditoria interna estavam voltados para os aspectos financeiros, o diretor-presidente solicitou que eles fossem direcionados aos aspectos operacionais, especificamente na área de compras.

CASO PRÁTICO DE AUDITORIA OPERACIONAL   175

❏ *Objetivos de auditoria* — levantamento preliminar identificou que a) a frota tinha mais de 10 anos de uso; b) os funcionários permaneciam por muitos anos no mesmo setor; c) havia concentração de compras em poucos fornecedores; e d) a cotação era feita somente por telefone. Diante disso, pretendia-se examinar a possibilidade de fazer compras mais econômicas, obedecendo às regras legais, porém mantendo aceitáveis os padrões de qualidade e rapidez na entrega.

❏ *Abordagem de auditoria* — com base no levantamento preliminar, verificou-se que a empresa estava aumentando gradativamente seus custos porque sua frota era composta de veículos com vida útil já bastante longa, o que provocava constantes reposições de peças. Outro fator era a concentração de compras nuns poucos fornecedores que, em muitos itens, vendiam acima do preço de mercado.

O programa de auditoria destinou-se a avaliar: a oportunidade de descentralizar as compras de peças, observando a relação custo/benefício; os controles na evolução dos preços das peças, considerando a realidade do mercado; e os ganhos econômicos e financeiros na utilização de programação mensal de compras. Pretendia, igualmente, apontar soluções para garantir a rapidez de entrega e a qualidade das peças adquiridas.

❏ *Resultados e relatório de auditoria* — o trabalho foi desenvolvido no setor de compras, no qual foram levantadas várias falhas de procedimento que ocasionavam perdas financeiras e elevados custos operacionais. As recomendações feitas pela auditoria para resolver ou minimizar tais problemas foram as seguintes:

a) elaborar cronograma para aquisição de novos veículos, como meio de renovar a frota e assim diminuir o custo com manutenção e compra de peças;

b) seguir rigorosamente os preceitos legais;

c) realizar coleta de preço formalizada em pelo menos cinco fornecedores cadastrados;

d) efetuar compras somente formalizadas com pedidos de compra devidamente autorizados pelo nível gerencial;

e) atualização periódica do cadastro de fornecedores;

f) acompanhamento constante da evolução de preços dos itens comprados;

g) elaboração de normas e procedimentos a serem seguidos pelos funcionários do setor de compras;

176 INTRODUÇÃO À AUDITORIA OPERACIONAL

h) elaboração de um cronograma mensal de compras, a fim de programar e concentrar o valor das compras e assim barganhar preço e prazo, além de adequar os pagamentos ao fluxo de caixa da empresa.

As observações e recomendações da auditoria foram acatadas pela diretoria, que se comprometeu a colocá-las em prática o mais breve possível.

Recursos humanos

❑ *Antecedentes* — o diretor-presidente da Cia. Paulista, após fazer uma comparação com outras empresas do mesmo porte e ramo em outros estados, solicitou ao seu auditor interno que o enfoque dos trabalhos, até então voltado para os aspectos financeiros, fosse direcionado aos aspectos operacionais da área de recursos humanos, bem como das demais áreas.

❑ *Objetivos de auditoria* — levantamento preliminar constatou um alto índice de admissões, pelo regime especial de direito administrativo, e de demissões. Pretendia-se identificar as causas dessas ocorrências e propor mudanças nos processos de recrutamento, seleção, capacitação e avaliação dos funcionários, como meio de reduzir custos.

❑ *Abordagem de auditoria* — o levantamento preliminar serviu para evidenciar que outras organizações contratavam empresas especializadas para proceder ao recrutamento, à seleção e à capacitação de novos funcionários, além de orientá-las nas formas de avaliação do desempenho deles. Assim, levando-se em conta a provável redução de custos e o melhor controle no processo de admissão e acompanhamento, a auditoria foi estruturada de forma a analisar as vantagens de contratar empresas especializadas nessa área, bem como o que seria necessário fazer para assegurar níveis de qualidade aceitáveis em qualquer trabalho executado pela contratada.

❑ *Resultados e relatório de auditoria* — o estudo de custo revelou que a contratação de terceiros permitiria reduzir em cerca de 20% os gastos com recrutamento, seleção, capacitação e avaliação de desempenho. Pesquisas em outras empresas revelaram que as taxas de absenteísmo e de *turnover* caíam consideravelmente, em média 30%, quando se contratava uma empresa especializada nesse serviço.

Durante a reunião para discutir os aspectos levantados, a administração concordou com a contratação de uma empresa especializada para lidar com a

CASO PRÁTICO DE AUDITORIA OPERACIONAL   177

área de recursos humanos, como forma de reduzir custos e melhorar a qualidade do serviço. Mostrou, contudo, preocupação com o cumprimento das diretrizes traçadas pela empresa terceirizada e com a confidencialidade das informações, além das questões legais que envolvem esse tipo de contratação, principalmente no que tange ao concurso público.

Assim, os auditores recomendaram a contratação de empresa terceirizada para lidar com o setor de recursos humanos e a elaboração de um contrato de serviços que respaldasse totalmente a empresa na divulgação de informações confidenciais por parte da terceirizada. Recomendaram também a exigência de apresentação de relatórios mensais à diretoria sobre os trabalhos e resultados alcançados pela terceirizada, como forma de avaliar a qualidade do serviço prestado.

Sobre a avaliação de desempenho, a auditoria recomendou a sua implantação, sugerindo, inclusive, o modelo de formulário, que foi aceito pela administração.

Frota

- ❑ *Antecedentes* — o diretor-presidente da Cia. Paulista solicitou que o enfoque dos trabalhos, que até então estava voltado para os aspectos financeiros, fosse direcionado aos aspectos operacionais, particularmente na área da frota de veículos.

- ❑ *Objetivos de auditoria* — levantamento preliminar identificou a carência de veículos (ônibus) como ponto a ser focalizado. Pretendia-se determinar se, na renovação da frota, seria melhor comprá-los ou locá-los, ou seja, o que seria mais econômico para a empresa.

- ❑ *Abordagem de auditoria* — o levantamento preliminar serviu para evidenciar que, por não ser satisfatório o controle interno, havia deficiência em vários setores da empresa, incluindo o controle e a manutenção da frota. Assim, aventaram-se duas hipóteses para solucionar o problema da carência de veículos. Uma delas seria comprar ônibus novos; e a outra, fazer apenas uma locação, assegurando o nível de qualidade do produto e, conseqüentemente, do serviço prestado pela empresa ao seu público.

- ❑ *Resultado e relatório de auditoria* — o estudo de custo revelou que comprar ônibus novos seria a melhor hipótese para solucionar o problema da carência.

178   Introdução à Auditoria Operacional

Durante a reunião para discutir os aspectos levantados, a administração concordou que alguns ônibus pertencentes à empresa não tinham condições de uso, já que a frota estava praticamente depreciada e não atendia às necessidades qualitativas do público.

Levando em conta esses comentários, os auditores confirmaram seu relatório, recomendando a compra de novos ônibus, de acordo com o fluxo de caixa da empresa, de modo a atender à demanda de veículos e aumentar a qualidade do serviço. O investimento a ser feito incrementará as vendas de passagens e reduzirá os gastos com peças e serviços de manutenção, trazendo economia para a empresa.

Consumo

- ❏ *Antecedentes* — como os trabalhos da auditoria interna estavam voltados para os aspectos financeiros, o diretor-presidente solicitou que, a exemplo do que ocorria em outras empresas, eles fossem direcionados aos aspectos operacionais, especificamente na área de consumo.

- ❏ *Objetivos de auditoria* — verificou-se que o alto consumo de óleo combustível na empresa era causado por equipamentos obsoletos usados para controlar o abastecimento de combustível, os quais apresentavam constantes erros de medição.

- ❏ *Abordagem de auditoria* — como resultado do levantamento preliminar, a auditoria foi estruturada em três fases:

  a) fazer levantamento da vida útil da frota de ônibus;

  b) empreender estudo dos equipamentos obsoletos que controlam o abastecimento de combustível e apresentam erros de medição;

  c) apresentar elementos que evidenciem economia no consumo médio por tipo de veículo.

- ❏ *Resultados e relatório de auditoria* — a auditoria demonstrou que a empresa de transportes rodoviários não havia estabelecido políticas relativas à compra de novos ônibus para sua frota.

Na verdade, a questão que desencadeou a auditoria foi a idade da frota e os equipamentos obsoletos que controlavam o abastecimento de combustível, causando à empresa problemas de consumo.

A empresa, por falta de políticas apropriadas e controles centralizados, não tinha preocupação em elaborar cronograma de aquisição de novos veículos, enfrentando assim problemas operacionais com manutenção e consumo.

CASO PRÁTICO DE AUDITORIA OPERACIONAL 179

As principais recomendações foram as seguintes:

a) estabelecer e observar uma política para compra de ônibus;

b) concentrar nas mãos de um responsável, especialmente designado, as decisões sobre questões de consumo médio por tipo de veículo;

c) desenvolver um plano para levantamento físico de toda a frota de ônibus e dos equipamentos que controlam o abastecimento de combustível, substituindo tais equipamentos para melhorar a economia e tornar eficientes os trabalhos.

O relatório foi encaminhado à direção da empresa, que acatou as informações e recomendações para, de imediato, tomar as devidas providências em relação à economia do consumo.

Razão da escolha

Inicialmente, pode até parecer estranha a escolha de uma empresa de transporte rodoviário para ilustrar um caso prático de auditoria operacional na área governamental. Principalmente nos dias atuais, quando surge um novo modelo de Estado, o Estado-gerente.

Contudo, escolhemos esse caso prático por duas razões de cunho estritamente pessoal. Primeiro, por entendermos que, para ser eficaz e atender às demandas da sociedade, não importa se o serviço é público ou privado. O que realmente importa é que ele seja bem administrado e funcione com efetividade, sem ingerências políticas e sem controle irracional de tarifas.

A segunda razão, e talvez a mais importante, é que uma de minhas primeiras experiências profissionais como auditor governamental foi justamente auditar os aspectos contábeis e financeiros de uma empresa pública de transporte de passageiros um ano antes da sua liquidação.

Naquele ano de 1987, não era comum na área governamental realizar auditorias adentrando-se nos aspectos operacionais, visando contribuir de forma mais efetiva para uma melhor *accountability* pública. Mas, quem sabe se o destino daquela empresa não teria sido outro, caso auditorias operacionais tivessem sido realizadas sistemática e tempestivamente antes do processo de liquidação?

Referências bibliográficas

ALMEIDA, Josimar Ribeiro de; MELLO, Claudia dos S.; CAVALCANTI, Yara. *Gestão ambiental*: planejamento, avaliação, implantação, operação e verificação. Rio de Janeiro: Thex, 2002.

ALMEIDA, Marcelo Cavalcanti. *Auditoria*: um curso moderno e completo. 5. ed. São Paulo: Atlas, 1996. 420p.

ARAÚJO, Inaldo da Paixão Santos. *Introdução à auditoria*. Salvador, 1998. 348p.

_____; ARRUDA, Daniel Gomes. *Introdução à contabilidade governamental* — da teoria à prática. Salvador: Zênite, 1999. 449p.

ARENS, Alvin A.; LOEBBECKE; James K. *Auditoria:* un enfoque integral. 6. ed. México: Prentice Hall Hispanoamericana, 1996. 918p.

ATTIE, William. *Auditoria*: conceitos e aplicações. São Paulo: Atlas, 1984. 393p.

_____. *Auditoria interna*. São Paulo: Atlas, 1992. 304p.

BAHIA. Secretaria do Planejamento, Ciência e Tecnologia. Centro de Recursos Ambientais. *Bahia*: nova legislação ambiental. Salvador: Centro de Recursos Ambientais, 2001. 186p.

BARBETTA, Pedro Alberto. *Estatística aplicada às ciências sociais*. 4. ed. Florianópolis: UFSC, 2001. 338p.

BARNES, D. M. *Value-for-money audit evidence*. Canada: The Canadian Institute of Chartered Accountants, 1991. 117p.

BARRANTES, Antonio. *Auditoría operativa*. Madrid: Marcial Pons, Ediciones Jurídicas e Sociales, 1997. 292p.

BARZOTTI, Joseph P. Case study: General Motors Corporation. In: HARRISON, L. C. (Ed.). *The McGraw-Hill environmental auditing handbook*. New York: McGraw-Hill, 1984.

182   Introdução à Auditoria Operacional

BEASLEY, Mark S. et al. *Auditing*. San Diego: Dryden, 1996. 210p.

BORJA, Rene Fonseca. *Auditoria interna*: um enfoque moderno de planificación ejecucion y control. Quito: Corporación Ediabaco, 1989. 334p.

CABRAL, Bernardo. Meio ambiente: como e até onde os Tribunais de Contas podem interferir. *Revista TCMRJ*, Rio de Janeiro, v. 21, n. 27, p. 9, ago. 2004.

CALLENBACH, Ernest et al. *Gerenciamento ecológico*: guia do Instituto Elmwood de auditoria ecológica e negócios sustentáveis. Tradução de Carmen Youssef. 9. ed. São Paulo: Cultrix, 1999. 203p.

CAMPOS, Anna Maria. *Accountability*: quando poderemos traduzi-la para o português? *Revista de Administração Pública*, Rio de Janeiro, v. 90, n. 2, p. 30-50, fev./abr. 1990.

CARVALHO, Anésia de Souza. *Metodologia da entrevista*. Rio de Janeiro: Agir, 1991.

CASTRO, Róbison Gonçalves; FARIA, Wanderley Diógenes. *Auditoria governamental*. Brasília: Vestcon, 1996. 190p.

CAVALCANTE, José Cândido Marques. *Dicionário inglês-português de termos econômicos e comerciais*. São Paulo: Vozes, 1988. 408p.

CHAMBERS, Andrew; RAND, Graham. *The operational auditing handbook*: auditing business process. New York: John Wiley & Sons, 1997. 532p.

CHIZZOTTI, Antônio. *Pesquisa em ciências humanas e sociais*. São Paulo: Cortez, 1998.

CIADINI, Antonio Roque. *O controle externo da administração pública*. São Paulo: Max Limonad, 1995. 122p.

CONSELHO FEDERAL DE CONTABILIDADE (CFC). *Normas brasileiras de contabilidade e normas de auditoria*. 3. ed. Brasília: CFC, 1991. 87p.

CONSELHO REGIONAL DE CONTABILIDADE (CRC-SP). *Curso básico de auditoria*: normas e procedimentos. São Paulo: Atlas, 1988. 309p.

COSTA, Carlos Baptista. *Auditoria financeira;* teoria e prática. 5. ed. Lisboa: Rei dos Livros, 1995. 539p.

DIAS, Marilza do Carmo Oliveira (Coord.) et al. *Manual de impactos ambientais*: orientações básicas sobre aspectos ambientais de atividade. Fortaleza: Banco do Nordeste, 1999. 297p.

REFERÊNCIAS BIBLIOGRÁFICAS

183

EL SERAFY, Salah. Contabilidade verde e política econômica. In: CAVALCANTI, Clóvis (Org.). *Meio ambiente, desenvolvimento sustentável e políticas públicas*. 4. ed. Recife: Cortez, 2002. p. 193-214.

ENCICLOPÉDIA BARSA. Rio de Janeiro/São Paulo: Encyclopedia Britannica. v. 6. 484p.

ESCRITÓRIO DE ACCOUNTABILITY GOVERNAMENTAL DOS ESTADOS UNIDOS (GAO). *Normas de auditoria governamental*: revisão de 1994. Trad. do Tribunal de Contas do Estado da Bahia. Salvador: TCE, 1995. 130p.

_____. *Normas de auditoria governamental*: revisão de 2003. Trad. do Tribunal de Contas do Estado da Bahia. Salvador: TCE, 2005. 252p.

ESCRITÓRIO DO AUDITOR-GERAL DO CANADÁ (OAG). *Glossário de termos de auditoria;* parte integrante do manual de auditoria integrada. Trad. do Tribunal de Contas do Estado da Bahia. Salvador: TCE, 1995. 64p.

ESCRITÓRIO NACIONAL DE AUDITORIA DA INGLATERRA (NAO). *Um modelo para auditoria de otimização de recursos*. Trad. do Tribunal de Contas do Estado da Bahia. Salvador: TCE, 1995. 20p.

_____.*Value for money handbook*. 1997. 64p.

EVERARD, P.; WOLTER; D. *Seleções de termos e expressões utilizados em matéria de auditoria externa das finanças públicas*. Sydney: Intosai, 1989. 196p.

FERREIRA, Aurélio Buarque de Holanda. *Novo dicionário da língua portuguesa*. 2. ed. Rio de Janeiro: Nova Fronteira, 1986. 688p.

FRANCO, Hilário; MARRA, Ernesto. *Auditoria contábil*. 2. ed. São Paulo: Atlas, 1995. 504p.

FUNDAÇÃO CANADENSE DE AUDITORIA INTEGRADA. *Auditoria integrada*: conceitos, componentes e características. Salvador: TCE, 1995. 27p.

GIL, Antônio Carlos. *Métodos e técnicas de pesquisa social*. 4. ed. São Paulo: Atlas, 1995. 207p.

GIL, Antônio de Loureiro. *Auditoria operacional e de gestão*: qualidade da auditoria. São Paulo: Atlas, 1992. 119p.

GIOVE, Frank C. *The essentials of auditing*. New Jersey: Research & Education Association, 1998. 116p.

184 INTRODUÇÃO À AUDITORIA OPERACIONAL

GOODE, William J.; HATT, Paul K. *Métodos em pesquisa social.* 7. ed. São Paulo: Nacional, 1969. 490p.

GRACIOSA, José Gomes. Os Tribunais de Contas e a questão ambiental. *TCE RJ Notícia*, v. 2, n. 18, p. 4-5, nov. 2003.

GUALAZZI, Eduardo Lobo Botelho. *Regime jurídico dos Tribunais de Contas.* São Paulo: Revista dos Tribunais, 1992. 230p.

GUZMÁN, Genaro Soriano. *La auditoria interna en el processo administrativo.* República Dominicana: Editorial Cenapec, s.d. 176p.

HALLER, Edward L. *Avaliação de desempenho operacional* — estabelecimento de uma auditoria operacional. EUA: Price Waterhouse, 1985. 150p.

HARRINGTON. H. James. *A implementação da ISO 14000*: como atualizar o sistema de gestão ambiental com eficácia. Trad. de Fernanda Goés Barroso e Jerusa Gonçalves de Araújo. Rio de Janeiro: Atlas, 2001.

INSTITUTO DOS AUDITORES INDEPENDENTES DO BRASIL (Iaib). *Auditoria externa independente*: legislação e normas complementares. São Paulo: Iaib, 1979. 355p.

_____. *Normas brasileiras para o exercício da auditoria interna.* 2. ed. São Paulo: IAIB, 1992. 80p.

INSTITUTO BRASILEIRO DE CONTADORES (Ibracon). *Princípios contábeis:* normas e procedimentos de auditoria. São Paulo: Atlas, 1988. 562p.

_____. *NPA 11 balanço e ecologia.* São Paulo: Ibracon, 1996.

INSTITUTO LATINO-AMERICANO DE CIÊNCIAS FISCALIZADORAS (Ilacif). *Auditoria integrada*: enfoque de la oficina del auditor general del Canadá. Bogotá: Ilacif, 1981. 180p.

KELL, Walter G.; BOYNTON, William C. *Auditoria moderna.* 2. ed. México: Continental, 1995. 836p.

LAKATOS, Eva Maria; MARCONI, Marina de Andrade. *Fundamentos de metodologia científica.* 3. ed. São Paulo: Atlas, 1991.

LA ROVERE, Emílio Lèbre (Coord.) et al. *Manual de auditoria ambiental.* 2. ed. Rio de Janeiro: Qualitymark, 2001. 136p.

LAURENT, Philippe. *Pratique de l'audit operationéli.* Paris: Organisation, 1991.

REFERÊNCIAS BIBLIOGRÁFICAS 185

LECLERC, Guy; MOYNAGH, W. David; BOISCLAIR, Jean Pierre; HANSON, Hugh R. *Rendición de cuentas, informe de rendimento, auditoria comprensiva* — una perspectiva integrada. Ottawa: CCAF-FCVI, 1996. 383p.

LIMA, Luiz Henrique. A contabilidade ambiental como instrumento de controle externo. *Revista do Tribunal de Contas da União*, Brasília, v. 35, n. 99, p. 53, jan./mar. 2004.

LIMA-E-SILVA, Pedro Paulo et al. *Dicionário brasileiro de ciências ambientais*. 2. ed. revista e ampliada. Rio de Janeiro: Thex, 2002. 251p.

LOPES, Paulo Afonso. *Probabilidades e estatísticas*. Rio de Janeiro: Reichmann & Affonso. 2001, 174p.

LÜDKE, Menga; ANDRÉ, Marli E. *Pesquisa em educação*: abordagens qualitativas. São Paulo: EPU, 1986.

MACHADO, Paulo Affonso Leme. Auditoria ambiental. *Revista do Tribunal de Contas da União*, Brasília, v. 35, n. 100. p. 96-105, abr./jun. 2004.

MAIMOM, Dália. Responsabilidade ambiental das empresas brasileiras: realidade ou discurso. In: CAVALCANTI, Clóvis (Org.). *Desenvolvimento e natureza*: estudos para uma sociedade sustentável. 4. ed. Recife: Cortez, 2003. p. 399-416.

MALAXECHEVARRIA, Angel Gonzales. *Visión futurista de la auditoría pública como instrumento de la comunicación com la sociedad civil*: de la auditoría integrada a la auditoría global. Argentina: Secretariado Permanente de Tribunales de Cuentas de la República Argentina, 1996.

MANN, Peter H. *Métodos de investigação sociológica*. São Paulo: Zahar, 1970.

MEDAUAR, Odete. *Controle da administração pública*. São Paulo: Revista dos Tribunais, 1993. 188p.

MEGGINSON, Leon C.; MOSLEY, Donald C.; PIETRI JR., Paul H. *Administração* — conceitos e aplicações. São Paulo: Harbra, 1998. 614p.

MICHAELIS. *Moderno dicionário da língua portuguesa*. São Paulo: Melhoramentos, 1998. 2.259p.

MIRALLES, Jorge Lozano. Control, auditoría y fiscalización. *Revista Auditoría Publica*, n. 3, p. 80-85, out. 1995.

MOTTA, João Maurício. *Auditoria*: princípio e técnicas. 2. ed. São Paulo: Atlas, 1992. 168p.

ORGANIZAÇÃO INTERNACIONAL DE ENTIDADES FISCALIZADORAS SUPERIORES (Intosai). *Normas de auditoria da Intosai*. Trad. do Tribunal de Contas do Estado da Bahia. Salvador: TCE, 1995. 58p.

_____. Auditoria ambiental e de regularidade. *Revista do Tribunal de Contas da União*, v. 35, n. 100, p. 48-54, abr./jun.2004.

ORGANIZAÇÃO LATINO-AMERICANA DAS INSTITUIÇÕES SUPERIORES DE AUDITORIA (Olacefs). *Manual de auditoria governamental para os países em desenvolvimento*. Quito: Olacefs, 1978. 92p.

QUIVY, Raymond; CAMPENHOUDT, Luc Van. *Manual de investigações sociais*. Lisboa: Gradiva, 1992.

RAMIÓ, Carles. *Las auditorías administrativas en el sector público*. 1995.

_____; MAS, Jordi. *La auditoria operative en la práctica* — técnicas de mejora organizativa. Barcelona: Marcombo, 1997. 393p.

REIDER, Harry R. *The complete guide to operational auditing*. New York: John Wiley & Sons, Inc., 1993.

RIBEIRO, Renato Jorge Brown.; OLIVEIRA, José Antônio Puppim de. A inserção da questão ambiental no âmbito de atuação do controle externo federal. *Revista do Tribunal de Contas da União*, Brasília, v. 34, n. 96, p. 26-37, abr./jun. 2003.

RUDIO, Franz Victor. *Introdução ao projeto de pesquisa científica*. 16. ed. Rio de Janeiro: Vozes, 1991.

SÁ, Antonio Lopes. *Dicionário de contabilidade*. 8. ed. São Paulo: Atlas, 1980. 443p.

_____. *Curso de auditoria*. 7. ed. São Paulo: Atlas, 1995. 504p.

SALES, Rodrigo. *Auditoria ambiental e seus aspectos jurídicos*. São Paulo: LTr, 2001. 228p.

SECRETARIA DE LA CONTROLADORIA GENERAL DE LA FEDERACIÓN. *Auditoría integral*. Ciudad de México: Secogef, 1991. 38p.

SELLTIZ, Claire Italo. *Métodos de pesquisa nas relações sociais* — delineamento de pesquisa. São Paulo: EPU, 1976.

SILVA, Benedito Albuquerque da. *Contabilidade e meio ambiente*: considerações teóricas e práticas sobre o controle dos gastos ambientais. São Paulo: Annablume/Fapesp, 2003. 162p. (Selo Universidade.)

SWEDISH NATIONAL AUDITI OFFICE. *Performance auditing at the Swedish National Audit Bureau*. Stockholm, 1993. 202p.

REFERÊNCIAS BIBLIOGRÁFICAS

_____. *Handbook in performance auditing*: theory and practice. Stockholm, 1996. 181p.

TINOCO, João Eduardo Prudêncio; KRAEMER, Maria Elisabeth Pereira. *Contabilidade e gestão ambiental*. São Paulo: Atlas, 2004. 303p.

TORRES, Adelino. *O método no estudo*. Lisboa: Escher, 1990.

TREVISAN, AUDITORES ASSOCIADOS. *Auditoria*: suas areas de atuação. São Paulo: Atlas, 1996. 96p.

TRIBUNAL DE CONTAS DA HOLANDA. *Manual para la investigación de eficacia*.

TRIBUNAL DE CONTAS DA UNIÃO. *Manual de auditoria de desempenho*. Brasília: TCU, 1998.

TRIBUNAL DE CONTAS DO ESTADO DA BAHIA. *Manual de auditoria*. Salvador: TCE, 1984.

_____. *Anais do I Encontro Técnico*. Salvador: TCE, 1992. 184p.

_____. *Manual de auditoria governamental*. Salvador: TCE, 2000.

TRIVIÑOS, Augusto N. S. *Introdução à pesquisa em ciências sociais*: a pesquisa qualitativa em educação. São Paulo: Atlas, 1987. 176p.

VALENCIA, Joaqín Rodríguez. *Sinopsis de auditoría administrativa*. México: Trillas, 1998.

VALLE, Cyro Eyer do. *Qualidade ambiental*: ISO 14000. 4. ed. São Paulo: Senac, 2002. 194p.

VILLELA, Maria Bethânia. Auditoria ambiental no TCMRJ. *Revista TCMRJ*, Rio de Janeiro, v. 21, n. 27, p. 6-8, ago. 2004.

WHITTINGTON, Ray; PANY, Hurt. *Principles of auditing*. Chicago: Irwin, 1995. 734p.